Los Angeles

Grit Ebert
Ernst-Thälmann-Siedlung 7
09423 Gelenau
Tel.: 037297 / 2150

Berlitz Publishing Company, Inc.
Princeton Mexico City Dublin Eschborn Singapur

Copyright © 2000 Berlitz Publishing Company, Inc.
400 Alexander Park, Princeton, NJ, 08540 USA
9-13 Grosvenor St., London, W1X 9FB UK

Alle Rechte vorbehalten, insbesondere das Recht der Vervielfältigung, Verbreitung und der Übersetzung. Ohne schriftliche Genehmigung des Verlags ist es nicht gestattet, den Inhalt dieses Werks oder Teile daraus auf elektronischem oder mechanischem Wege (Fotokopie, Mikrofilm, Ton- und Bildaufzeichnung, Speicherung auf Datenträger oder andere Verfahren) zu reproduzieren, zu vervielfältigen oder zu verbreiten.

Berlitz ist ein beim U.S. Patent Office und in anderen Ländern eingetragenes Warenzeichen – Marca Registrada.

Text:	Überarbeitet von Erika Lenkert; Originaltext von Donna Dailey
Fotos:	Wynn Miller, mit Ausnahme der Fotos auf Seite 4, 6, 18, 36, 46, 55, 98 (© Los Angeles Convention & Visitors Bureau, Michelle & Tom Grimm); 40 und 56 (Doug Traverso)
Fotoredaktion:	Naomi Zinn
Deutsche Fassung:	Media Content Marketing, Inc.
Gestaltung:	Media Content Marketing, Inc.
Karten:	Ortelius Design

Obwohl die Informationen in diesem Reiseführer mit der größtmöglichen Sorgfalt recherchiert wurden, sind Änderungen und Fehler unvermeidlich. Der Verlag kann für daraus resultierende Unannehmlichkeiten, Verletzungen oder Verluste keine Verantwortung übernehmen. Für Berichtigungen, Hinweise und Ergänzungen ist die Redaktion sehr dankbar. Bitte schreiben Sie an Berlitz Publishing Company, 400 Alexander Park, Princeton, NJ 08540-6306.

ISBN 2-8315-7147-2
Neu bearbeitet 1999 Neudruck November 1999

Printed in Switzerland
019/911 REV

INHALT

Los Angeles und seine Bewohner	7
Geschichte	11
Sehenswertes	22
Hollywood	22
Wilshire District	27
Westside	31
Die Küste	40
Downtown L.A.	49
Berge und Täler	58
South Coast	66
Ausflüge	69
Was unternehmen wir heute?	80
Einkaufen	80
Sport	86
Unterhaltung	92
Kinder	96

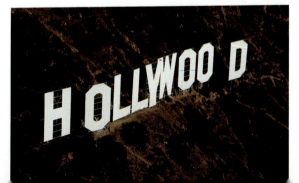

Essen und Trinken	98
Register	103
Praktische Hinweise	105
Hotels und Restaurants	129

• Besonders Interessantes ist mit (☞ gekennzeichnet

Los Angeles

LOS ANGELES UND SEINE BEWOHNER

Los Angeles eilt vielleicht mehr als jeder anderen Stadt ein ganz bestimmter Ruf voraus. Die Stadt mit ihren sonnigen Stränden und den Palmen wimmelt, so stellt man sich vor, geradezu von Filmstars und anderen Reichen und Schönen. Doch auch Gefahr und Abenteuer – Erdbeben, Flutkatastrofen, Kriminalität und Skandale – sind Teil des Lebens in der Stadt am Pazifik. Los Angeles bietet ein dauerndes Spektakel, ob nun auf der Leinwand oder im wirklichen Leben, und die ganze Welt wird dabei zum Publikum. Das Ergebnis ist eine Mischung aus modernem Wilden Westen und Alltagsleben, in dem das Image oft die Realität ersetzt, wo Armut und Reichtum aufeinander prallen, wo man über Nacht zum Star werden kann – und die Presse rund um die Welt mitschreibt.

Doch das Bild, das sich die Welt von Los Angeles macht, hat oft nicht allzu viel mit der Realität zu tun. Die Stadt besteht nicht nur aus schönen Stränden, riesigen Villen in den Hügeln, aufwendigen Spielfilmen und dem neuesten Society-Tratsch. Los Angeles County ist eigentlich ein Konglomerat aus 88 Städten, die im Laufe der Jahrzehnte eingemeindet wurden. Viele dieser Städte haben bis heute ihre eigenen Rathäuser, Polizeibrigaden und Feuerwehren. Das ist auch der Grund dafür, dass Los Angeles kein Zentrum hat – was jedoch nicht heißt, dass es keine Seele hätte! Wenn diese Seele auch ein wenig oberflächlich, flatterhaft und verspielt sein mag – nun, es handelt sich eben um die Welthauptstadt der Unterhaltung …

Die kulturelle Vielfalt innerhalb der Stadt ist enorm. Ein Besuch von Los Angeles County mit seinen 9,5 Millionen Einwohnern ist daher so, als würde man ein halbes Dutzend verschiedener Orte besuchen. Man kann sich dem entspannten

Die Küste von Malibu – begehrt als Grundeigentum sowie als Zuflucht vor den heißen Tagen in Los Angeles.

Strandleben hingeben, kann in den äußerst vornehmen Geschäften von Beverly Hills sein gesamtes Geld ausgeben, eine Wanderung in den Bergen unternehmen, die verschiedenen Kulturen in den einzelnen Stadtteilen erforschen oder der Realität in einem der zahlreichen Vergnügungspark oder in der Scheinwelt Hollywoods entfliehen.

Das auffälligste Merkmal der Stadt ist ihre überschäumende Energie. Man hat ständig das Gefühl, dass irgendetwas passieren wird: dass man seinem Lieblingsschauspieler über den Weg laufen könnte, dass man die Dreharbeiten für den nächsten Filmhit miterleben könnte. In einer Stadt, in der der schnelle Erfolg über alles andere gestellt wird, in der Hollywood kein Ort, sondern eine Lebensweise ist, liegt das Aufregende, das Unvorhersehbare ständig in der Luft.

Ein Großteil dieser Energie scheint von den Bewohnern auszugehen: Kaum eine andere Stadt der Welt hat eine so bunt gemischte Bevölkerung. Das fruchtbare Becken zwischen Bergen und Meer, das das ganze Jahr hindurch von der Sonne begünstigt wird und eine ideale Kombination aus Stadt- und Strandleben bietet, hat von jeher Leute aus aller Welt angezo-

Los Angeles und seine Bewohner

gen. Einerseits gibt es die bunte Gemeinde rund um die Filmindustrie, andererseits findet man auch große Gruppen von Einwanderern aus China, Korea, Japan sowie aus verschiedenen Ländern Afrikas und des Nahen Ostens. Die größte Gruppe bilden mit beinahe 40% Bevölkerungsanteil die Einwanderer aus Lateinamerika.

Jede dieser Bevölkerungsgruppen versucht, sich ihre eigene Identität zu bewahren; die tolerante Anything goes-Mentalität der Angelenos erleichtert dabei das Zusammenleben. Die Resultate – Unterschiede in der Kleidung, der Musik, bei den Autos, bei der Freizeitbeschäftigung – sind oft amüsant, manchmal geradezu grotesk. Was auch immer man als Besucher von Los Angeles erwartet, man wird unweigerlich auf Orte und Ereignisse stoßen, die überraschen, amüsieren, schockieren oder aufregen. Und ist das nicht der Grund, warum man diese Stadt besucht?

Bei der Größe der Stadt und der Dichte des Straßennetzes ist es nicht verwunderlich, dass das Auto regiert. Man muss sich zumindest einmal in den Verkehr auf den Stadtautobahnen stürzen, um Los Angeles im wahrsten Sinne des Wortes »erfahren« zu können. Sage mir, was du fährst, und ich sage dir, wer du bist: So scheinen viele Angelenos zu denken und investieren daher viel Geld in teure Autos.

Die Fahrt von einer Sehenswürdigkeit zur anderen ist in Los Angeles mehr noch

Es gibt sogar Fußgänger in L.A. – wie diese Gruppe in der Altstadt von Pasadena.

Los Angeles

als in vielen anderen Städten eine Erfahrung für sich selbst. Die zahlreichen Attraktionen der Stadt sind über ein weites Gebiet verstreut, und man verbringt daher viel Zeit im Auto oder im Bus.

Die zehn meistfrequentiertesten Straßen der USA liegen alle in oder um Los Angeles. Der Highway 101 ist mit mehr als 500 000 Autos pro Tag die am meisten befahrene Straße der USA. Obwohl der Schadstoffausstoß von Industrie und Verkehr in den letzten Jahren zwar reduziert werden konnte, ist die Qualität der Luft jedoch immer noch durchaus als schlecht zu bezeichnen. Um der Verkehrs- und dem Umweltüberlastung entgegenzuwirken, wurde vor kurzem mit dem Bau eines S-Bahnnetzes begonnen.

Wer jedoch gerade in einem der unvermeidlichen Riesenstaus steckt, wird wahrscheinlich die Stadtregierung verfluchen, dass sie nicht früher mit dem Ausbau des öffentlichen Verkehrsnetzes begonnen hat. Die gute Nachricht ist jedoch, dass die Straßenbeschilderung ausgezeichnet ist.

Die Schnellstraßen von L.A. machen einen wichtigen – und unübersehbaren – Teil der Landschaft aus.

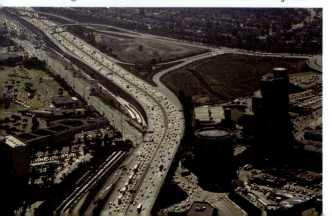

GESCHICHTE

Das Problem von Los Angeles sei, dass es keine Geschichte habe, meinen viele. Nun, die Stadt hat ebenso viel Geschichte wie jede andere Stadt in den USA. Doch auf Grund des raschen Wachstums und der Tatsache, dass die Angelenos lieber in die Zukunft blicken statt an die Vergangenheit zu denken, ist das historische Erbe nicht immer sichtbar.

Lange bevor Los Angeles zur Unterhaltungs-Metropole wurde, lange vor der Ankunft der spanischen Eroberer, war das Gebiet bereits von etwa 30 000 Indianern bewohnt. »Entdeckt« wurde es 1542 von dem portugiesischen Seefahrer Juan Rodriguez Cabrillo, der im Dienste des Königs von Spanien stand. In den folgenden zwei Jahrhunderten legten hier spanische Schiffe auf dem Weg von Mexiko zu den Philippinen an, um Wasser und Nahrungsmittel an Bord zu nehmen. Erst als andere Länder Interesse an der Region zeigten, begann Spanien mit der Kolonisation der Pazifikküste.

Die Gründung von Los Angeles

1769 kamen Hauptmann Gaspar de Portolá und der Franziskaner-Pater Junípero Serra in San Diego an und begannen, Missionsstationen an der Küste anzulegen, um auf diese Art die Ureinwohner zu christianisieren und den Einfluss der spanischen Könige zu konsolidieren. Die Ureinwohner unterwarfen sich jedoch nur ungern dem Lebensstil der Eroberer; viele von ihnen erlagen auch den aus Europa eingeschleppten Krankheiten.

Mit der Gründung der Mission San Gabriel Arcangel im Jahre 1771 nahmen die Spanier die Region des heutigen Los Angeles für sich in Besitz. Das Kloster, das vierte in der Reihe der spanischen Gründungen an der Pazifikküste, steht noch heute neun Meilen östlich von Los Angeles. Der für Kalifornien zuständige Militärgouverneur, Felipe de Neve,

San Juan Capistrano ist eine der Missionen entlang der kalifornischen Küste.

plante bald darauf die Errichtung einer Siedlung. Trotz des Versprechens, Land und sogar Vieh für alle zur Verfügung zu stellen, dauerte es lange, bevor man Siedler für das abgelegene und bisher unbestellte Land finden konnte. 1781 kam endlich eine Gruppe von 12 Männern, 11 Frauen und 21 Kindern aus Mexiko an. Am 4. September fand die feierliche Gründung des Ortes El Pueblo de Nuestra Señora la Reina de Los Angeles de Porciúncula statt. Heute liegt an dieser Stelle die Olvera Street in Downtown Los Angeles.

Der Ort entwickelte sich nur langsam. Im Jahre 1800 betrug die Einwohnerzahl 315. Die Siedlung bestand aus 30 Häusern, einem Rathaus, der Kirche, dem Hauptplatz, einem Wachlokal, Kornspeichern und 12 500 Kühen.

Die Ranchos

Der Nachfolger des Gouverneurs de Neve erließ Gesetze, die ihm die großzügige Verteilung des Landes an neue Siedler erlaubten. Allerdings kamen dabei hauptsächlich Freunde und Kameraden zum Zuge. Nach wenigen Jahren befand sich ein Großteil des heutigen Los Angeles County im Besitz weniger *patrones* (Großgrundbesitzer). Da die Spanier den Handel in den Kolonien kontrollierten, ging ein Großteil der auf den *ran-*

chos (Landgüter) und in den Missionen produzierten Güter nach Mexiko bzw. Spanien. Doch die Nachricht von den billigen Waren drang bald auch an die Ostküste der USA. Die Spanier hatten zu wenige Schiffe und Truppen in Kalifornien, um die Einhaltung der Handelsgesetze zu garantieren – ein Umstand, den die Händler der Ostküste bewusst ausnützten. Mehr und mehr Handelsschiffe aus anderen Teilen des Kontinents legten in den Häfen der Westküste an und beendeten so die Isolation des Gebietes vom Rest der Welt.

Mexikanische Herrschaft und amerikanische Besetzung

Mexiko erlangte 1822 die Unabhängigkeit von Spanien und stellte drei Jahre später Besitzansprüche an Kalifornien. Die spanischen Priester mussten das Land verlassen, die Missionen verloren dadurch ihren Einfluss auf das Leben in der Kolonie. 3 Millionen Hektar Land, die bisher den Missionen gehört hatten, wurden größtenteils unter den reichen Großgrundbesitzern

Ein Geschäft in der beschaulichen Olvera Street, wo Los Angeles einst von 23 verarmten Siedlern gegründet wurde.

aufgeteilt. Die Ureinwohner des Landes, die Indianer, flohen entweder in die Berge oder begannen bei den mexikanischen *patrones* zu arbeiten.

Der Ort Los Angeles mit seinen 1250 Einwohnern war mittlerweile zur größten Siedlung an der Westküste angewachsen. Viele Menschen aus anderen Teilen Nordamerikas hatten sich in Kalifornien niedergelassen, waren der katholischen Kirche beigetreten und hatten sich durch Heirat mit den reichen Familien verbunden. Einige von ihnen wurden dadurch binnen kürzester Zeit zu einflussreichen Großgrundbesitzern, die den Handel der Region dominierten.

Als 1846 Krieg zwischen den Vereinigten Staaten und Mexiko ausbrach, wurde in Washington beschlossen, Kalifornien zu besetzen. Die mexikanischen Siedler setzten den zahlenmäßig überlegenen Angreifern erbitterten Widerstand entgegen. Ihre Niederlage war jedoch unvermeidlich, und im Januar 1847 musste General Andrés Pico schließlich Los Angeles den Amerikanern überlassen.

Nach dem Goldrausch

Kaliforniens Entwicklung war seit der ersten Besiedelung durch die Europäer nur langsam vorangeschritten. Als man 1848 in Nordkalifornien Gold entdeckte, änderte sich das jedoch schlagartig. Viele Angelenos packten ihre Koffer und zogen nach Norden; andere blieben und verdienten Geld, indem sie die Goldgräber mit Waren versorgten. Fleisch verdrängte bald Felle und Fett als die wichtigsten Güter der *ranchos*. Viele Viehherden wurden nach Norden getrieben, wo das Fleisch zum zehnfachen Preis verkauft wurde.

Am 4. April 1850 erhielt Los Angeles das Stadtrecht und wurde gleichzeitig Hauptstadt des gleichnamigen *county* (Bezirk). Die erste Tageszeitung der Stadt, *The Star*, erschien im selben Jahr zum ersten Mal auf englisch und spanisch.

Geschichtlicher Überblick

1771 Gründung der Mission San Gabriel Arcangel.
1781 Gründung von El Pueblo de Nuestra Señora la Reina de Los Angeles de Porciúncula.
1825 Kalifornien wird ein Teil Mexikos.
1848 Der Vertrag von Guadalupe Hidalgo beendet den Mexikanisch-Amerikanischen Krieg. Kalifornien wird Teil der USA.
1850 Kalifornien wird ein eigener US-Bundesstaat.
1853 Don Matteo Keeler pflanzt die ersten Orangenbäume.
1876 Die erste transkontinentale Eisenbahnlinie, die Southern Pacific, erreicht Los Ageles.
1880 Gründung der University of Southern California.
1881 Die erste Ausgabe der Los Angeles Times erscheint.
1892 Im Zentrum der Stadt wird eine Ölquelle entdeckt.
1909 Errichtung des Santa Monica Pier.
1913 Cecil B. DeMille dreht den ersten abendfüllenden Spielfilm (The Squaw Man) in einem Schuppen in der Nähe der Straßen Highland und Sunset.
1923 Das berühmte Hollywood-Zeichen wird aufgestellt.
1927 Graumann's Chinese Theater (heute Mann's) wird eröffnet. Im Biltmore Hotel wird die Academy of Motion Picture Arts and Sciences gegründet.
1928 Der erste Flughafen der Stadt, Mines Field, wird eröffnet.
1932 Die olympischen Sommerspiele werden in Los Angeles ausgetragen.
1947 Der Hollywood Freeway verbindet Downtown Los Angeles mit der San Fernando Valley.
1955 Disneyland wird in Anaheim eröffnet.
1961 Der Hollywood Walk of Fame wird angelegt.
1984 Die 23. Olympischen Sommerspiele werden in Los Angeles abgehalten.
1991 Unruhen nach dem Urteil im Rodney-King-Prozess.
1994 Ein Erdbeben verursacht starke Schäden.
1995 Der O.-J. Simpson-Prozess erregt weltweites Aufsehen.

Die historische Union Station: Mit der Eisenbahn begann das Wachstum, das Los Angeles zu heutiger Größe geführt hat.

In den folgenden 20 Jahren erwarb sich die Stadt, in der es die größte Zahl an Spielhöllen, Bordellen und Saloons pro Einwohner gab, einen schlechten Ruf. Doch auch andere »Industrien« entwickelten sich: Es entstanden zahlreiche Weingüter – und Wein wurde bald zu einem wichtigen Exportartikel – sowie Zitrusplantagen, die durch ein System von hölzernen Leitungen bewässert wurden.

Los Angeles verlor bald einen Teil seiner Wildwest-Atmosphäre, unter anderem durch die Errichtung einer Eisenbahnlinie, die im Hafen San Pedro endete. Der Anbau von Wein, Obst, Getreide und anderen landwirtschaftlichen Produkten löste die Viehzucht als wichtigste Einkommensquelle ab.

Die Boom-Jahre

1870 betrug die Einwohnerzahl von Los Angeles 5614. Hotels und andere große Gebäude wurden errichtet, man gründete eine Bibliothek, eine Tanzschule, ein Theater und andere kulturelle

Geschichte

Einrichtungen. Die Fertigstellung der Southern Pacific Railroad, die den nordamerikanischen Kontinent durchquerte, sorgte für einen weiteren Entwicklungsschub und setzte den größten Bauboom in der Geschichte der USA in Gang.

Die großen *ranchos* wurden nach und nach in kleinere Einheiten aufgeteilt; die Siedler legten Obstkulturen und Gärten an, wobei modernste Anbaumethoden zur Anwendung kamen. Orangen wurden zum wichtigsten landwirtschaftlichen Produkt; durch die Erfindung des gekühlten Eisenbahnwaggons konnten die Früchte erstmals USA-weit verkauft werden.

1885 wurde Los Angeles durch eine weitere Eisenbahnlinie, die Santa Fe Railroad, mit dem Rest des Kontinents verbunden. Die Konkurrenz mit der Southern Pacific Railroad machte das Reisen ungewöhnlich billig. In wenig mehr als einem Jahr kamen 120 000 Menschen nach Los Angeles; viele davon siedelten sich in der Stadt oder der Umgebung an.

Die vorhandenen Bauplätze in der Stadt waren bald aufgekauft, und neue Siedlungen entstanden in der Umgebung. Ende des Jahres 1887 gab es bereits 25 dieser Satellitenstädte. Eine davon, von Horace und Daeida Wilcox anstelle einer 48 Hektar großen Obstplantage angelegt, erhielt den Namen Hollywood …

Der Bauboom hielt nur drei Jahre an. Im Anschluss daran startete Los Angeles jedoch eine erfolgreiche Kampagne, um Farmer aus dem mittleren Westen in die Stadt am Pazifik zu locken. Man warb mit der Qualität der landwirtschaftlichen Produkte und mit einem Motto, das noch heute zahlreiche Menschen anzieht: Los Angeles sei eine Stadt, in der man sein Glück machen könne, in der Träume wahr würden.

Als man 1892 Ölquellen in der Nähe des Stadtzentrums entdeckte, kam es zu einem neuerlichen Boom, bei dem zahlreiche Bewohner zu großem Reichtum kamen. Bei der ersten Bohrung, die von Edward Doheny und Charles Canfield unternommen wurde, betrug die Ausbeute 45 Fass pro Tag. In den folgenden

Los Angeles

fünf Jahren wurden beinahe 2500 Quellen auf dem Stadtgebiet entdeckt, und die Ölförderung entwickelte sich zu einer wichtigen Industrie. Noch im frühen 20. Jh. wurde in Kalifornien ein Viertel der weltweiten Ölfördermenge produziert.

Durch den Ausbau des Hochseehafens von San Pedro gegen Ende des 19. Jh. gewann Kalifornien zusätzlich an Bedeutung. Der Hafen von Los Angeles, der größte künstlich angelegte Hafen der Welt, wurde 1910 offiziell eröffnet.

Das 20. Jahrhundert

Um 1900 hatte Los Angeles bereits mehr als 100 000 Einwohner. Durch eine weitere Kampagne mit dem Motto »Oranges for Health – California for Wealth« (Orangen für die Gesundheit – Kalifornien für den Wohlstand) verdreifachte sich die Bevölkerung der Stadt innerhalb eines Jahrzehnts.

Wasser – oder vielmehr der Mangel daran – stand der weiteren Expansion im Wege. Es wurde klar, dass der Los Angeles River, die einzige Wasserquelle der Stadt, für die weitere Versorgung nicht ausreichen würde. William Mulholland, der leitende Ingenieur der städtischen Wasserwerke, ließ den Owens River, der von den höchsten Bergen der Sierra gespeist wurde, umleiten. Die neue Wasserleitung mit einer Gesamtlänge von 375 km konnte insgesamt zwei Millio-

Die La Brea Tar-Grube erinnert an die Zeit vor der Besiedlung von Los Angeles.

nen Menschen versorgen. 1917 wurde zusätzlich ein Wasserkraftwerk angelegt, das eine weitere Expansion und eine erhöhte Industrieproduktion ermöglichte.

Die Bevölkerung wuchs jährlich um 100 000 Menschen, und 1923 wurde klar, dass die vorhandenen Wasserressourcen bald nicht mehr ausreichen würden. Eine neue Wasserleitung mit einer Gesamtlänge von 644 km verband die Stadt ab 1939 mit dem in Arizona gelegenen Colorado River.

Nach dem Ersten Weltkrieg war Los Angeles die am schnellsten wachsende Stadt der USA. Allein 1923 wurden 12 Orte eingemeindet, und die Stadt erstreckte sich nun vom Hafen San Pedro im Süden bis zum San Fernando Valley im Norden. Die Umgebung von Los Angeles wurde zur produktivsten und vielfältigsten Landwirtschaftsregion der USA.

Große Ölraffinerien wurden angelegt, und durch die Ansiedlung von Firestone und Good Year wurde Los Angeles auch eine der wichtigsten Produktionsstätten für Gummi. Später kamen noch die Automobil- und die Flugzeugindustrie hinzu. Kein Industriezweig hat jedoch die Bedeutung der Filmindustrie erlangt, die 1919 bereits 80% der weltweit vertriebenen Filme produzierte. Bis heute ist sie die wichtigste Industrie der Stadt.

In den zwanziger Jahren wurde die rasch wachsende Stadt zu einem Schmelztiegel für Einwanderer, Abenteurer, Desperados und Träumer aus aller Welt. Trotzdem fehlten ihr für eine »richtige« Stadt noch einige Einrichtungen, die erst jetzt entstanden, wie etwa die Central Library (Städtische Bibliothek), ein großes Rathaus, das Biltmore Hotel in Downtown oder ein neues Gebäude für die 1880 gegründete University of Southern California.

Nach der Weltwirtschaftskrise des Jahres 1929 wanderten zahlreiche verarmte Farmer aus der sogenannten Dust Bowl Region (dem mittleren Westen) und anderen Regionen der USA nach Kalifornien aus, wodurch sich das Wirtschaftswachstum der Region verlangsamte. Doch um 1935 hatte sich Los Angeles

Los Angeles

von der Krise erholt und gehörte zu den fünf wichtigsten Industriestandorten des Landes.

Während des Zweiten Weltkriegs erlebte Los Angeles einen weiteren Wachstumsschub. Menschen aus allen Landesteilen kamen in die Stadt, um Arbeit bei den Flugzeugfirmen und Schiffswerften zu finden. Etwa 200 000 Farbige besiedelten South Central L.A., und auch zahlreiche Mexikaner, die nach dem Ende der mexikanischen Herrschaft lange Zeit nicht willkommen gewesen waren, bekamen nun Arbeit. Trotzdem führten ein Überangebot an Arbeitskräften, ein starkes soziales Gefälle und eine Reihe an Vorurteilen zu Spannungen zwischen den einzelnen Bevölkerungsgruppen, die bis heute nicht verschwunden sind.

Die Bevölkerungsexplosion nach dem Krieg machte den Ausbau der Stadtautobahnen notwendig, wodurch weiter entfernt gelegene Gebiete an das Zentrum der Stadt angebunden wurden. In der Nähe einer dieser Autobahnen wurde zu jener Zeit ein weiteres Großprojekt verwirklicht: Disneyland öffnete 1955 seine Pforten und war zu jener Zeit noch von idyllischen Orangenplantagen umgeben.

Seit 1963 ist Kalifornien der bevölkerungsreichste Bundesstaat der USA. Das starke Bevölkerungswachstum führte jedoch auch immer wieder zu Wasserknappheit und anderen Versorgungsproblemen sowie zu sozialen Spannungen zwischen den verschiedenen ethnischen Gruppen. Im Sommer 1965 kam es zu Unruhen im hauptsächlich von Schwarzen bewohnten Viertel Watts in South Central, als ein schwarzer Autofahrer wegen Trunkenheit am Steuer angeklagt wurde. Sechs Tage der Zerstörung und der Plünderungen kosteten 34 Menschen das Leben und verursachten 40 Millionen Dollar Sachschaden. Die Szene wiederholte sich im Jahr 1992, als vier Polizisten freigesprochen wurden, die den Schwarzen Rodney King verprügelt hatten. Einem zweitägigen Aufruhr fielen 50 Menschen zum Opfer, es gab Tausende Verletzte und einen Sachschaden von 1 Milliarde Dollar.

Während die Stadt durch den O.-J.-Simpson-Prozess in zwei Lager gespalten wurde, wurde das Gemeinschaftsgefühl durch das Erdbeben von 1994 letztendlich gestärkt. Ein Wirtschaftsaufschwung im Süden Kaliforniens hat ebenfalls zum Abbau der Spannungen beigetragen.

L.A. Forever

Die Größe der Stadt macht es in vielen Bereichen beinahe unmöglich, einen Konsens zu erzielen. Jedes Stadtviertel versucht möglichst viel Unabhängigkeit zu bewahren.

Das Rathaus setzt sich deutlich von der restlichen Silhouette von Los Angeles ab.

Die Bevölkerung von Los Angeles County nähert sich am Ende des Jahrtausends der 10 Millionen-Marke, und die sozialen Probleme werden dadurch bestimmt nicht weniger. Das hält die meisten Angelenos jedoch nicht davon ab, optimistisch in die Zukunft zu blicken. Die Konjunktur ist gut, es gibt zahlreiche Bau- und Renovierungsprojekte in der Stadt, der Strand ist mit Leuten überfüllt, und man kann noch immer über Nacht zum Millionär oder zum Star – oder zu beidem – werden. Wie schwierig auch die Zukunft der Stadt sein mag, Los Angeles wird wohl immer das Flaggschiff des amerikanischen Traums schlechthin bleiben. Ob man seine Träume hier nun tatsächlich verwirklicht oder nicht, ist nicht so wichtig; auf jeden Fall wird man am Ende eine faszinierende Geschichte zu erzählen haben.

SEHENSWERTES

Los Angeles hat viele verschiedene Gesichter; ob man nun ein typischer Stadtmensch ist, ob man ruhige Strände sucht, einkaufen möchte, den Stars hinterherjagt oder einfach Spaß haben möchte – die Stadt bietet für jeden etwas. Es gibt zwar zahlreiche Attraktionen; am wichtigsten ist es jedoch, mit offenen Augen durch die Straßen zu gehen und die typisch südkalifornische Atmosphäre zu genießen.

Wer Los Angeles erforschen möchte, braucht ein wenig Abenteuerlust, wenn möglich einen Wagen sowie einen guten Stadtplan. Zusätzlich sollte man sich mit Geduld für den unvermeidlichen Verkehrsstau wappnen (versuchen Sie, zu den Stoßzeiten – werktags von 7 bis 9.30 Uhr und von 15.30 bis 19 Uhr – die Stadtautobahnen zu meiden). Durchstreifen Sie also die Stadt und sehen Sie selbst, warum die Angelenos sie für das Zentrum der Welt halten.

HOLLYWOOD

Hollywood ist mehr als nur ein Ort; der Name hat sich zu einem Synonym für einen Lebensstil entwickelt. Obwohl die Stadt am Fuße der Berge nördlich des Zentrums von Los Angeles unterhalb des riesigen Hollywood-Schriftzuges eine elegante Vergangenheit hat, wirken die Straßen heute ein wenig heruntergekommen.

Cecil B. DeMille gründete hier 1913 das erste Filmstudio in einem ehemaligen Pferdestall, um den Film *The Squaw Man* – den ersten abendfüllenden Spielfilm der Geschichte – zu drehen. Schon bald danach wurde der Ort zum Zentrum der Filmindustrie, oder vielmehr, Hollywood *war* vier Jahrzehnte lang die Filmindustrie.

Das goldene Zeitalter der Stadt selbst ist jedoch vorbei. Die einzigen Stars (Sterne), die man heute in Hollywood erspähen

Das berühmteste Wahrzeichen von Los Angeles wurde ursprünglich aufgestellt, um für Bauland zu werben.

kann, sind jene, die in den *Walk of Fame* eingelassen wurden. Leben bringen höchstens die Tausenden von Touristen, die von einer Attraktion zur nächsten trampeln.

Die Stars in ihren Ferraris oder in von Chauffeuren gesteuerten Limousinen meiden heute Hollywood. Trotzdem versucht die Stadt, ihr Erscheinungsbild aufzubessern. Hunderte Millionen Dollar sollen in die Schaffung neuer Attraktionen, Hotels, Geschäfte und Restaurants investiert werden. Bis jetzt ist allerdings der Vorhang für das Comeback Hollywoods noch nicht hoch gegangen …

Die Höhepunkte Hollywoods

Der riesige **Hollywood-Schriftzug** oberhalb des Beachwood Canyon ist wahrscheinlich das bekannteste und meistfotografierte Wahrzeichen von Los Angeles. Das 15 m lange Schild wurde 1923 aufgestellt, um für Bauland in der Umgebung zu werben; 1978 wurde es durch ein neues ersetzt. Es ist noch immer ein beliebtes Symbol, das Angelenos und Besucher daran erinnert, dass Los Angeles das Zentrum der Filmindustrie ist.

Mann's Chinese im Glanz der Nacht, wenn die Sterne den Gehsteig erhellen.

☞ Wenn der **Hollywood Walk of Fame** auch nur wenige Minuten zu fesseln vermag, ist er doch einen Besuch wert. Etwa 2000 Sterne aus Bronze und Terrazzo sind auf einer Länge von 3,5 Meilen (5,5 km) in den Boden des Hollywood Boulevard (zwischen Sycamore Avenue und Gower Street) eingelassen und erinnern an die Größen aus der Film- und Musikwelt. Auf der Vine Street zwischen Yucca Street und Sunset Boulevard sind weitere Sterne zu bewundern. Zu den beliebtesten Sternen gehören jene für Marilyn Monroe (6774 Hollywood Boulevard vor der McDonald's-Filiale), Charlie Chaplin (Nr. 6751) und John Wayne (1541 Vine Street).

☞ **Mann's Chinese Theater** (6925 Hollywood Boulevard) gehört zu den wichtigsten Attraktionen des Hollywood Boulevard. Man erkennt das Kino leicht an der pseudo-chinesischen Tempelarchitektur und dem Touristen-Auflauf davor. Das Gebäude wird noch immer als Kino benützt; die Hauptattraktion ist jedoch der äußere Hof, in dem die Fußabdrücke und andere

Sehenswertes

Memorabilia der berühmtesten Größen der Unterhaltungsindustrie zu sehen sind. Das Art déco-Gebäude wurde 1927 von Sid Graumann errichtet und hieß ursprünglich The Graumann. Angeblich begann die Tradition mit den Fußabdrücken der Stars, als die Schauspielerin Norma Talmadge am Eröffnungsabend irrtümlich in weichen Zement trat. Zu den Abdrücken gehören auch so ungewöhnliche wie jener von Jimmy Durantes Nase oder von den Hufen Champions, dem Pferd Gene Autrys.

Mann's eignet sich hervorragend für »Ich in Hollywood-Schnappschüsse«; trotzdem gibt es auch andere Kinos in der Umgebung, die ebenfalls eine Besichtigung wert sind. Das im maurischen Stil erbaute **El Capitan Theatre** (6838 Hollywood Boulevard) war 1941 Schauplatz der Premiere von *Citizen Kane*; heute werden hier hauptsächlich Disney-Filme gezeigt. **The Egyptian** wurde 1922 kurz nach der Entdeckung des Grabes von Tutanchamun (daher der Name) von Sid Graumann errichtet und war der erste wirklich große Kinopalast Hollywoods. Das Gebäude wurde kürzlich von Grund auf restauriert.

> An jeder Tankstelle gibt es *Unleaded Regular* (Normal bleifrei), *Unleaded Premium* (Super) und *Diesel* (Diesel).

Das **Hollywood Roosevelt Hotel** wurde 1927 eröffnet und etablierte sich bald zur ersten Adresse für die Stars der Filmwelt. Marilyn Monroe lebte acht Jahre hier. 1929 fand in dem Gebäude die erste Oscar-Verleihung statt. Die Lobby des Hotels wird von schmiedeeisernen Gittern und Deckengemälden geschmückt. Im Tiefparterre findet man historische Fotos und andere Ausstellungsstücke.

Das **Hollywood History Museum** (1660 North Highland Avenue) dokumentiert anhand einer umfangreichen Sammlung von Kostümen, Kulissen, Modellen der Original-Studios, Video-Clips und Memorabilia aus der Filmwelt die

Das Gebäude von Capitol Records sieht tatsächlich wie ein Stapel Schallplatten aus.

Geschichte Hollywoods von den Anfängen bis heute.

Das **Hollywood Entertainment Museum** (7021 Hollywood Boulevard) ist der lokalen Geschichte von Film und Fernsehen gewidmet. Zu den zahlreichen Ausstellungsstücken gehören die Kulissen für *Star Trek* und *Cheers* sowie verschiedene Multimedia-Projekte.

Der große Tyrannosaurus Rex an der Ecke Hollywood Boulevard und Highland Avenue markiert den Eingang zu **Ripley's Believe It or Not!** Robert Ripley war ein Cartoon-Zeichner, der sich in den dreißiger und vierziger Jahren weltweit auf die Suche nach dem Bizarren und Grotesken machte, um es in seinen Cartoons zu verwerten. Sein erstes »Odditorium« – eine Art Kuriositätenkabinett – wurde im Rahmen der Weltausstellung 1934 in Chicago eröffnet. Zu den hier gezeigten Ausstellungsstücken gehören auch ein (angeblich echter) Schrumpfkopf, eine zweiköpfige Ziege sowie eine fleischfressende Muschel.

Neben Ripley's liegt die **Guiness World of Records** (6767 Hollywood Boulevard), wo auf zwei Stockwerken die verrücktesten Rekorde der Welt dokumentiert werden. Mit der gleichen Eintrittskarte kann man das gegenüber gelegene **Hollywood Wax Museum** besichtigen, in dem Wachsfiguren von Superstars – von Jesus bis Sylvester Stallone – ausgestellt sind.

Sehenswertes

Frederick's of Hollywood (6608 Hollywood Boulevard) ist an der rosafarbenen Fassade zu erkennen. Hier wird jede Art von Damenunterwäsche und Dessous verkauft – je verrückter und ausgefallener, desto besser. Das hier untergebrachte Bra Museum (BH-Museum) gibt Einblick in den Unterwäsche-Geschmack von Stars wie Marilyn Monroe oder Madonna.

Die Kreuzung von Hollywood Boulevard und Vine Street galt einst als Herz von Hollywood. Heute ist sie mit Ausnahme des **Capitol Records Building**, das wie ein Stapel von Schallplatten geformt ist, eher unansehnlich. Die Idee für den Entwurf des Gebäudes geht angeblich auf eine Idee der Musiker Nat King Cole und Johnny Mercer zurück.

Die **Paramount Studios** (5555 Melrose Avenue) sind das einzige große Studio, das sich heute noch in Hollywood befindet. Wem es nicht genügt, einen Blick durch die schmiedeeisernen Gitter auf das Gelände zu werfen, der kann an einer Führung teilnehmen, bei der man unter anderem die Aufnahmestudios, Filmkulissen und Requisiten besichtigt. Zu den Tricks, die hier enthüllt werden, gehören beispielsweise der Wassertank, in dem Charlton Heston als Moses in *Die zehn Gebote* das Rote Meer teilte, sowie eine New Yorker Häuserzeile aus Fiberglas, die täuschend echt aussieht.

Auf der **Melrose Avenue** westlich der Paramount Studios (zwischen La Brea und Fairfax) findet man eine Reihe flotter Boutiquen, Restaurants und Cafés, die hauptsächlich von Jugendlichen – sowohl Einheimischen als auch Besuchern – frequentiert werden.

WILSHIRE DISTRICT

Der Wilshire Boulevard war ursprünglich ein Indianerpfad, der das Gebiet des heutigen Zentrums von Los Angeles mit La Brea verband. Später wurde daraus eine elegante Einkaufsstraße, an der sich auch zahlreiche Firmen ansiedel-

Für viele hoffnungsvolle Talente begann hinter den Toren der Paramount-Studios die Traumwelt von Hollywood.

ten. Heute gehört die 25 km lange Straße zu den längsten und breitesten Boulevards Nordamerikas. Auf seinem Weg vom Zentrum an die Küste offenbart der Wilshire Boulevard die ganze ethnische und soziale Vielfalt der Stadt: Man durchquert sowohl die reichsten als auch die ärmsten Viertel von Los Angeles Der Teil zwischen La Brea und Fairfax Avenue, auch bekannt als Miracle Mile, wird heute nach jahrzehntelanger Vernachlässigung restauriert. Bevor die Restaurierung nicht abgeschlossen ist, sind es jedoch vor allem die Museen, die Besucher in die Region locken.

Ein Blick in prähistorische Zeiten

Die **La Brea Tar Pits** (Asphaltgruben) gehören weltweit zu den wichtigsten Fundorten für zum Teil über 40 000 Jahre alte Fossilien aus dem Pleistozän und anderen Epochen. In der großen Grube vor dem Page Museum (siehe S. 43) sind mehrere lebensgroße Repliken von Mastodons im Asphalt zu sehen. Bei anderen Gruben gehen die Ausgrabungen, bei denen man zusehen kann, noch immer weiter.

Das benachbarte **George C. Page Museum of La Brea Discoveries** (5801 Wilshire Boulevard) gewährt einen faszinierenden Einblick in das Leben im südlichen Kalifornien während der Eiszeit. In dem 15-minütigen Film *La Brea Story* wird gezeigt, wie die verschiedenen Tiere auf dem Weg zu einem Wasserbecken in den Asphaltgruben versanken und qualvoll starben. Aus den Fossilien konnte man

Die Filmindustrie

Die Filmindustrie siedelte sich im südlichen Kalifornien an, weil das milde Klima und das unverbaute Land die besten Voraussetzungen boten. Durch erfolgreiche Filme mit Stars wie Charlie Chaplin, Douglas Fairbanks oder Mary Pickford entwickelte sich das Filmemachen in den zwanziger Jahren zum lukrativen Geschäft. Die neue Industrie florierte sogar während der Weltwirtschaftskrise, als Filme eine willkommene Flucht aus der tristen Realität boten. Ende der dreißiger Jahre gab es in den U.S.A. mehr Kinos als Banken, und die Menschen verbrachten doppelt so viel Zeit im Kino wie heute.

Um neben dem Fernsehen, den Computerspielen und anderen Unterhaltungsformen bestehen zu können, muss die Filmindustrie heute mehr denn je um Kunden werben. Sie tut dies mit immer aufwendigeren Produktionen mit Spezialeffekten, unglaublichen Stunts, exotischen Aufnahmeorten und teuren Stars.

Das heißt jedoch nicht, dass die Industrie deshalb weniger Profit machen würde. Ganz L.A. machte sich beispielsweise lustig über die horrenden Produktionskosten für den Film *Titanic* (etwa $200 Millionen). Paramount und Fox Studios lachten jedoch zuletzt: Allein im ersten Jahr betrugen die Einspielergebnisse mehr als $1,5 Milliarden!

Ein Truck-Modell steht am Eingang zu Petersen's Auto Museum.

die Skelette von Tieren wie dem Säbelzahntiger, dem Mammut und dem Riesenfaultier rekonstruieren. Eine Wand mit den Köpfen von 400 Wölfen gibt einen Eindruck von der großen Menge an Tieren – man findet etwa 420 verschiedene Arten –, die hier im Laufe der Zeit ausgegraben wurde. Unter den Fossilien befindet sich auch ein menschliches Skelett, das der 9000 Jahre alten *La Brea Woman*. Sie wurde durch einen Schlag auf den Kopf getötet und ist damit vermutlich das allererste Mordopfer von Los Angeles.

Des weiteren gibt es ein Laboratorium, in dem man den Wissenschaftlern beim Reinigen und Katalogisieren der Fossilien zusehen kann; das friedliche Atrium wird von zahlreichen seltenen Pflanzen geschmückt, die sich zum Teil über eine Periode von 100 Millionen Jahren entwickelten.

Museum Row

Gleich neben dem Page Museum befindet sich das größte Museum der Stadt, das **Los Angeles County Museum of Art** (5905 Wilshire Boulevard). Dieses Museum beherbergt unter anderem interessante präkolumbische Artefakte größtenteils aus Mexiko und Peru, europäische Kunst der Moderne, amerikanische Kunst der Kolonialzeit, Meisterwerke der japanischen Kunst sowie eine der weltweit besten Sammlungen indischer und südostasiatischer Kunst. Darüber hinaus werden immer wieder interessante Wechselausstellungen veranstaltet.

Unweit vom County Museum of Art findet man das populäre **Craft and Folk Art Museum** (Volkskunde- und Handwerksmuseum, 5800 Wilshire Boulevard). Ecke Fairfax Avenue befindet sich das **Petersen Automotive Museum**, in dem man über 160 verschiedene Automobile und Motorräder sowie auch Wechselausstellungen rund um das Auto besichtigen kann.

Farmers' Market war früher nur ein Feld, auf dem die Bauern ihre Waren verkauften.

Lokalkolorit

Wenn man die Fairfax Avenue ein paar Blocks weiter nach Norden geht, kommt man bald zum lebendigen **Farmer's Market** (Bauernmarkt, 6333 West 3rd Street). Während der Zeit der Weltwirtschaftskrise zu Beginn der dreißiger Jahre begannen die Bauern der Umgebung, auf einem Feld am damaligen Stadtrand landwirtschaftliche Produkte direkt an die Bewohner der Stadt zu verkaufen. Der Markt mit seinen zahlreichen Obst- und Gemüseständen und anderen Geschäften ist bis heute ein sehr beliebter Treffpunkt.

WESTSIDE

Die sogenannte Westside besteht aus mehreren Gemeinden. Sie liegen nicht nur geografisch nebeneinander, sondern auch bezüglich ihrer sozialen Zusammensetzung: Hier liegen L.A.s reichste Stadtviertel mit zahlreichen Villen, eleganten Restaurants und teuren Einkaufsstraßen.

Auf dem Sunset Strip befinden sich einige der interessantesten Sehenswürdigkeiten von L.A. – und viele Werbeplakate.

West Hollywood

Während Hollywood eher von der Vergangenheit als in der Gegenwart lebt, ist das benachbarte West Hollywood – eine eigene Stadt innerhalb des Los Angeles County – am Puls der Zeit. Auf einer Fläche von nur 5 km^2 drängen sich über 100 Restaurants, einige der berühmtesten Nachtklubs der Stadt, elegante Galerien und Geschäfte, vornehme Hotels und die Schaltzentralen vieler Firmen aus der Unterhaltungsindustrie.

Die Melrose Avenue und die Boulevards Beverly und Robertson sind als die »Avenues of Design« bekannt. Alle drei werden von zahlreichen Möbel- und Design-Geschäften, Modeboutiquen und Galerien gesäumt. Sehenswert ist das riesige, 1975 von Cesar Pelli entworfene **Pacific Design Center** (8687 Melrose Avenue). Hier und im angrenzenden **Green Center** sind in 200 Schauräumen von bekannten Designern entworfene Möbelstücke und andere Einrichtungsgegenstände ausgestellt. Besucher sind an Wochentagen von 8 bis 17.30 Uhr willkommen. Wer jedoch einkaufen möchte, kann dies nur über die Vermittlung eines Innenarchitekten tun.

Der Santa Monica Boulevard zieht sich durch ganz West Hollywod und ist das Zentrum des schwulen und lesbischen Nachtlebens. Jedes Jahr im Juni findet hier die *Christopher Street West Gay and Lesbian Pride Celebration* statt, ein lebendiges zweitägiges Festival, das in den letzten Jahren zur drittgrößten Parade in Kalifornien angewachsen ist. Auch zu Halloween findet hier ein großer und ausgelassener Umzug statt.

Sunset Strip

Die berühmteste Straße West Hollywoods ist der **Sunset Strip**, der sich vom Sunset Boulevard nach Westen bis zum Doheny Drive erstreckt. Seit den zwanziger Jahren tummeln sich hier die Stars der Unterhaltungsindustrie. Durch eine günstige Wirtschaftsentwicklung und umfangreiche Renovierungsprojekte sind Hotels und Klubs gefragter denn je, und der Champagner fließt in Strömen. Viele Filmkomödianten begannen hier ihre Karriere in Klubs wie The Comedy Store; Rock-'n'Roll nahm in The Roxy und im Whisky-a-Go-Go seinen Anfang. An Wochenenden schleppt sich der Verkehr heute im Schritttempo dahin, wenn das vorwiegend junge Publikum von einem In-Lokal zum nächsten fährt. Riesige beleuchtete Plakate zu beiden Seiten der Straße werben mit den Gesichtern der Stars für deren neueste Filme oder CDs. Zu den Sehenswürdigkeiten auf dem Sunset Strip gehört **The Argyle** (8358 West Sunset Boulevard), ein stattlicher Art déco-Bau aus dem Jahr 1931. Das Gebäude, das früher Sunset Tower hieß, war das erste voll elektrifizierte Wohngebäude Kaliforniens. Clark Gable, Errol Flynn

> **Große Zahlen werden oft durch ein Komma unterbrochen (1,700 = eintausendsiebenhundert), das Komma wird durch einen Punkt ersetzt ($ 1.70 = ein Dollar siebzig).**

und Jean Harlow sind nur drei der vielen Stars, die einst hier lebten. Etwas weiter westlich liegt das Hotel **Mondrian** (8440 West Sunset Boulevard); die von Phillippe Starck gestaltete Inneneinrichtung und die schöne, im Freien gelegene SkyBar locken die Größen aus dem Showbusiness in Scharen an.

Die **Sunset Plaza** (8589-8720 Sunset Boulevard) ist seit 1934 ein Einkaufszentrum für die Elite. Die von Charles Selkirk im georgianischen Stil erbauten Häuser waren einst Heimstatt für so berühmte Nachtklubs wie das Mocambo und das Trocadero. Heute befinden sich hier elegante Geschäfte und angenehme Cafés mit Tischen im Freien, die von den Reichen und jenen, die es gerne wären, frequentiert werden.

Beverly Hills

Der Sunset Strip endet beim Doheny Drive; dahinter liegt Beverly Hills mit seinen Luxusvillen, die zu den teuersten Immobilien der Welt zählen. Es zahlt sich aus, die Straßen des Viertels zu durchstreifen, und sei es auch nur, um zu sehen, wie viel Geld manche Leute haben. Straßenverkäufer bieten Stadtpläne an, auf denen die Häuser der einzelnen Stars eingezeichnet sind.

Das Millionärsmekka zeugt vom unglaublichen Erfolg der Region. Noch zur Jahrhundertwende war das Land hier praktisch wertlos und wurde von stillgelegten Ölquellen und Bohnenplantagen bedeckt. Mit dem Bau des **Beverly Hills Hotel** (9641 Sunset Boulevard) im Jahre 1912 änderte sich jedoch die Situation: Das im spanischen Kolonialstil errichtete Gebäude erfreute sich bald großer Beliebtheit bei den Größen der Filmwelt – und diese Popularität ist bis heute ungebrochen. In der Polo Lounge treffen sich die mächtigsten Leute der Unterhaltungsbranche; in den privaten Bungalows sollen sich John Kennedy und Marilyn Monroe ein Stelldichein gegeben haben. Heute gehört das Hotel einem der reichsten Männer der

Welt, dem Sultan von Brunei, der das Gebäude für $100 Millionen renovieren ließ.

Die Stummfilmstars Mary Pickford und Douglas Fairbanks gehörten zu den ersten, die sich 1920 ein luxuriöses Domizil in den Hügeln errichteten (**Pickfair**, 1143 Summit Drive). Charlie Chaplin, Gloria Swanson, Rudolph Valentino und viele andere folgten bald ihrem Beispiel. Die Grundstücke in den Hügeln

Die Traumschlösser der Stars

Beverly Hills ist zwar äußerst exklusiv, das hindert jedoch die unzähligen mit Touristen gefüllten Reisebusse und Mietwagen nicht daran, auf der Suche nach den Villen der Stars die Straßen abzufahren. Zahlreiche Agenturen organisieren Rundfahrten, Straßenverkäufer bieten sogar Stadtpläne an, auf denen die Wohnhäuser der VIPs eingezeichnet sind. Wer auf eigene Faust unterwegs ist, sollte die folgenden Villen nicht versäumen.

Im Haus 508 North Palm Drive endete die problematische Ehe von Marilyn Monroe und Baseball-Legende Joe Di Maggio. Elizabeth Taylor lebte in Nr. 1330 Schuyler Road, als ihr Ehemann Mike Todd 1958 bei einem Flugzeugabsturz ums Leben kam. Auch ein Liebhaber Lana Turners, Johnny Stompanato, starb eines gewaltsamen Todes: Er wurde von der Tochter der Schauspielerin im Haus 730 North Bedford Drive erstochen. George Burns lebte bis zu seinem Tode in dem bescheidenen Haus 720 North Maple Drive.

Der Roxbury Drive bietet gleich mehrere Attraktionen: Marlene Dietrich lebte in Nr. 122, James Stewart im nächsten Block in Nr. 918. Lucille Ball (Nr. 1000) und Jack Benny (Nr. 1002) waren Nachbarn.

Das märchenhafte »Witch's House« (516 Walden Drive) wurde 1921 ursprünglich als Filmkulisse errichtet und erst später hier aufgestellt.

Einkaufen am Rodeo Drive kann sehr kostspielig sein, dennoch ist es ein idealer Ort für einen Nachmittagsbummel.

waren übrigens von Beginn an begehrter als jene in den flacheren Teilen der Stadt.

Wenn man sich die riesigen, gepflegten Gärten des Viertels ansieht, überrascht es nicht, dass Gärtner hier der häufigste Beruf ist. Jene, die nicht in den Gärten der verschiedenen Luxusvillen beschäftigt sind, arbeiten wahrscheinlich im schönen **Beverly Garden Park**, der sich auf einer Länge von 3 km am Santa Monica Boulevard zwischen Doheny und Wilshire entlang zieht.

Eine weitere schöne Gartenanlage ist der **Greystone Park** (905 Loma Vista Drive), der auf dem ehemaligen Anwesen des Ölmagnaten Edward Doheny errichtet wurde. Der Park ist täglich von 10 bis 18 Uhr geöffnet; die Villa, die nun der Stadt gehört und oft als Kulisse für Filmproduktionen verwendet wird, ist für die Öffentlichkeit jedoch nicht zugänglich.

Auf dem **Rodeo Drive** bieten die berühmtesten Modeschöpfer der Welt ihre Waren an und richten sich damit an die reiche, verwöhnte Klientel der Umgebung. Obwohl das Angebot noch immer großartig ist, wurden in den letzten Jahren

Sehenswertes

jedoch kleinere Boutiquen von den größeren internationalen Ketten verdrängt.

Das **Regent Beverly Wilshire** (9500 Wilshire Boulevard) gehört seit 1928 zu den Sehenswürdigkeiten von Beverly Hills. Auch heute noch wird es von Filmstars und anderen VIPs frequentiert, die manchmal ganze Etagen mieten. Im Film *Pretty Woman* verliebten sich hier Julia Roberts und Richard Gere.

Mit den **Beverly Hills Trolleys** kann man für nur einen Dollar eine halbstündige Rundfahrt durch das Stadtviertel unternehmen. Im Sommer fahren die altmodischen Busse täglich zur vollen Stunde vor der Chanel-Boutique Ecke Rodeo Drive und Dayton Way ab; den Rest des Jahres gibt es Rundfahrten nur samstags und an Feiertagen (Informationen unter Tel. (310) 285 2438).

Century City

Der Gebäudekomplex der **Century City** wurde auf dem 73 Hektar großen Gelände der ehemaligen Twentieth Century Fox Studios errichtet. Die Studios findet man heute in einem riesigen Komplex auf dem Pico Boulevard. Century City ist eine Mischung aus Bürotürmen, erfolgreichen Firmen, Theatern und eleganten Einkaufszentren für die wohlhabenden Bewohner.

Ein Besuch des **Museum of Tolerance** (9786 West Pico Boulevard) ist eine ernüchternde und zum Nachdenken anregende Erfahrung. Das 1993 errichtete Museum dokumentiert mit multimedialen Mitteln die Geschichte des Rassismus und der Intoleranz in den USA. Von besonderem Interesse ist dabei jener Abschnitt, der sich mit den Rassenunruhen im Los Angeles des Jahres 1992 auseinandersetzt. Darüber hinaus gibt es eine eigene Abteilung, die dem Holocaust gewidmet ist. Eine Führung durch diesen Teil allein nimmt bereits eine Stunde in Anspruch, und für die anderen Abteilungen sollte man mindestens ebenso viel Zeit einplanen.

Los Angeles

Westwood, Bel Air und Brentwood

Der Stadtteil Westwood wird vom Campus der **University of California at Los Angeles** (UCLA) beherrscht. Das weite Areal mit der schönen neoromanischen Royce Hall aus dem Jahr 1929, der Powell Library, dem Franklin Murphy Sculpture Garden mit Werken von Matisse, Rodin und Miró sowie den Mathias Botanical Gardens bietet Erholung von den Strapazen der Stadt mit ihren Highways. Pläne und Informationen erhält man bei den Haupteingängen sowie beim Visitor's Center; an Wochentagen wird außerdem eine 90 Minuten lange kostenlose Führung angeboten (Tel. (310) 825 4321).

Westwood Village im Süden des Campus war einst eines der lebendigsten Stadtviertel. Obwohl es durch die Revitalisierung von Santa Monicas Third Street Promenade ein wenig an Popularität einbüßte, bietet es immer noch zahlreiche Restaurants, Geschäfte und große Premierenkinos. Am südlichen Ende von Westwood Village liegt das **UCLA/Armand Hammer Museum of Art and Cultural Center** (10899 Wilshire Boulevard), das eine kleine, aber exquisite Kunstsammlung beherbergt. Zu den Höhepunkten des Museums gehören Werke von Rembrandt bis Van Gogh sowie eine große Sammlung an Lithografien von Honoré Daumier. Darüber hinaus werden immer wieder Wanderausstellungen präsentiertt.

> Sechs Schlüsselfragewörte:
> Was? - *What* (wot),
> Wo? - *Where* (Weer),
> Wann? - *When* (Wenn),
> Wer? - *Who* (huh),
> Welche/r/s? - *Which* (witch),
> Wie? - *How* (hau)

Nördlich der UCLA, auf der anderen Seite des Sunset Boulevard, liegt das exklusive Stadtviertel **Bel Air**. Hier ist der alteingesessene Geldadel zu Hause (z. B. die Familie Reagan), und man sieht als Besucher nicht viel mehr als große

Sehenswertes

Gartentore und Rasenflächen. Wer trotzdem einen Einblick in das Alltagsleben der Reichen bekommen möchte, dem sei das **Hotel Bel Air** empfohlen, in dessen Restaurant, Lounge und Garten viele VIPs ein und aus gehen (701 Stone Canyon Road).

In Brentwood westlich des Universitätscampus liegt L.A.s neueste Attraktion in Sachen Kunst: das **Getty Center**, ein riesiger, vom Architekten Richard Meier entworfener Gebäudekomplex, der der bildenden Kunst gewidmet ist. Die Errichtung des Gebäudes auf einem Felsen hoch über dem Freeway 405 kostete eine Milliarde Dollar. Das Zentrum besteht aus dem **J. Paul Getty Museum** sowie aus mehreren Bildungs-, Restaurations- und Forschungsinstituten. Das Museum beherbergt in fünf zweistöckigen Pavillons große Sammlungen an griechischer und römischer Kunst, europäischer Malerei (unter anderem von Rembrandt, Monet, Renoir und Van Gogh) sowie Zeichnungen von Michelangelo, Leonardo da Vinci und Raffael, handverzierte Manuskripte aus dem Mittelalter und Skulpturen und Fotografien. Die Antikensammlung soll ab dem Jahr 2001 wieder in der Getty-Villa in Malibu aufgestellt werden (siehe auch S.49).

Manche meinen, dass die wahre Attraktion des Getty Centers nicht die Kunstsammlungen, sondern die beeindruckende Architektur,

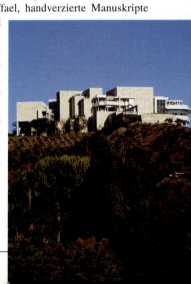

Das Getty Museum thront auf seinem Plateau in Brentwood.

die Skulpturengärten sowie die wunderschönen Ausblicke auf die Stadt, die Berge und den Ozean seien. An einem sonnigen Tag gehört ein Mittagessen in einem der Panoramacafés sicher zu den schönsten L.A.-Erfahrungen.

DIE KÜSTE

Auf einer Länge von 115 km erstrecken sich zwischen Malibu im Norden und Long Beach im Süden die Strände von Los Angeles County. Eine Fahrt auf dem Pacific Coast Highway 1 (oft als PCH markiert) von Santa Monica nach Malibu bietet einen schönen Einstieg in die Atmosphäre des südkalifornischen Strandlebens. Auch der Palos Verdes Drive an den Klippen im Süden der Santa Monica Bay bietet immer wieder wunderschöne Ausblicke. Wer jedoch Kalifornien wirklich kennen lernen will, sollte das Auto auch mal stehen lassen und sich an den Strand begeben.

Der PCH, der wohl schönste Highway in Amerika, bietet atemberaubende Aussichten.

Von Santa Monica nach Marina del Rey

Santa Monica erfreute sich schon bald nach der Gründung in den siebziger Jahren des 19, Jahrhunderts großer Beliebtheit. In den dreißiger Jahren des folgenden Jahr-hunderts wurde es jedoch durch seine zahlreichen Spielhallen und Kasinos so berüchtigt, dass Raymond Chandler die Stadt als Vorbild für das lasterhafte Bay City in seinen Kriminalromane nahm.

Sehenswertes

Heute bietet Santa Monica viele elegante Boutiquen und Galerien, einige der feinsten Restaurants von Los Angeles und ein reges Nachtleben.

Das **Santa Monica Pier** mit dem berühmten Karussell und dem La Monica Ballroom wurde 1908 errichtet. 1983 bei einem Sturm zerstört, wurde es originalgetreu wieder aufgebaut. Die Einkaufspassage und der Vergnügungspark auf dem Pier locken vor allem Touristen; die Angelenos kommen jedoch gerne, um Angeln und Zubehör auszuleihen oder kostenlose Konzerte zu besuchen.

Zu beiden Seiten des Piers zieht sich soweit das Auge reicht der breiteste Sandstrand, den man an der Pazifikküste findet. Der Weg, der entlang des Strandes nach Venice führt, ist vor allem bei Radfahrern und Rollschuhläufern äußerst beliebt. Die Ausrüstung für diese Sportarten kann man in zahlreichen Geschäften mieten.

Der schöne, palmenbestandene **Palisades Park** zieht sich auf einer Strecke von einer Meile (1,6 km) an der Ocean Avenue und dem Strand entlang. Von der breiten Promenade bieten sich besonders zur Zeit des Sonnenuntergangs wunderschöne Blicke auf den Ozean.

Nicht weit davon liegt Santa Monicas Main Street, die von zahlreichen Restaurants und ungewöhnlichen Geschäften gesäumt wird. Das südliche Ende der Straße bei der Kreuzung mit der Rose Avenue wird von einer gigantischen Clown-Skulptur von Jonathan Borofsky mit dem Namen *Ballerina Clown* beherrscht.

Im Edgemar Complex (bei Nummer 2400) kann man das Werk des Architekten Frank Gehry, einem Bewohner von Santa Monica, bewundern. Im Innern befinden sich Restaurants, Boutiquen sowie das **Santa Monica Museum of Art**, das der Avantgarde- und Performance-Kunst Südkaliforniens gewidmet ist.

Die wichtigsten Museen

J. Paul Getty Museum at the Getty Center. 1200 Getty Center Drive, L.A.; Tel. (310) 440 7300; www.getty.edu. Meisterwerke von Rembrandt, Monet, Renoir, Van Gogh, Michelangelo, Leonardo da Vinci und Raffael; mittelalterliche Manuskripte, Kunsthandwerk aus Frankreich; Bibliothek, Cafés, Gärten. Di. bis Mi. 11-19 Uhr, Do. bis Fr. 11-21 Uhr, Sa. bis So. 10-18 Uhr. Eintritt frei (siehe S.39). Parkplatzreservierung notwendig ($5 pro Auto).

Los Angeles County Museum of Art (LACMA). 5905 Wilshire Blvd., L.A.; Tel. (323) 857 6010. Amerikanische Kunst, präkolumbische Fundstücke, Gilbert-Silber, Kunst aus Japan, Indien und Südostasien. Mo., Di., Do. 12 bis 20 Uhr, Fr. 12 bis 21 Uhr, Sa.und So. 11 bis 20 Uhr. Erwachsene $7, Senioren und Studenten $5, Kinder von 6 bis 17 $1, Kinder unter 6 gratis. Jeden zweiten Dienstag im Monat freier Eintritt (siehe S.30).

Natural History Museum of Los Angeles County. Exposition Park, 900 Exposition Blvd., L.A.; Tel. (213) 763 3466; www.nhm.org. Dinosaurier-Skelette, Dioramen, Edelsteine und andere Mineralien, Vögel, präkolumbische Artefakte. Mo. bis Fr. 9.30 bis 17 Uhr, Sa. und So. 10 bis 17 Uhr. Erwachsene $8, Senioren und Studenten $5,50, Kinder von 5 bis12 $2, Kinder unter 5 gratis. Am ersten Dienstag im Monat freier Eintritt (siehe S.56).

Norton Simon Museum. 411 West Colorado Blvd., Pasadena; Tel. (626) 449 6840. Europäische Kunst von der Renaissance bis zur ersten Hälfte des 20. Jh. Do. bis So. 12 bis 18 Uhr. Erwachsene $4, Senioren und Studenten $2, Kinder unter 12 gratis (siehe S.66).

U.C.L.A./Armand Hammer Museum of Art and Cultural Center. 0899 Wilshire Blvd., L.A.; Tel. (310) 443 7000. Europäische Kunst aus fünf Jahrhunderten. Di. bis Sa. 11 bis 19 Uhr, Do. 11 bis 21 Uhr, So. 11 bis 17 Uhr. Erwachsene $4,50, Senioren und Studenten $3, Kinder unter 17 gratis (siehe S.38).

California Afro-American Museum. Exposition Park, 600 State Drive, L.A.; Tel. (213) 744 7432, Fax (213) 744 2050. Di. bis So. 10 bis 17 Uhr. Eintritt frei (siehe S.56).

California Museum of Science and Industry. Exposition Park, 700 State Drive, L.A.; Tel. (213) 744 7400, Fax (213) 744 2034. Täglich 10 bis17 Uhr. Eintritt frei (mit Ausnahme des IMAX-Kinos). (Siehe S.56).

Gene Autry Western Heritage Museum. 4700 Western Heritage Way, L.A.; Tel. (323) 667 2000. Di. bis So. 10 bis17 Uhr (siehe S.60).

George C. Page Museum of La Brea Discoveries. Hancock Park, 5801 Wilshire Blvd., L.A.; Tel. (323) 934 7243. Di. bis Fr. 9.30 bis 17 Uhr, Sa. und So. 10 bis 17 Uhr (siehe S.29).

Hollywood History Museum. 1660 North Highland Ave., L.A.; Tel. (323) 846 6266. Täglich 9 bis 21 Uhr. Erwachsene $8.50, Ermäßigung für Kinder und Senioren (siehe S.25).

Museum of Contemporary Art. California Plaza, 250 South Grand Ave., L.A.; Tel. (213) 626 6222. Di. bis So. 11 bis 17 Uhr, Do. 11 bis 20 Uhr (siehe S.55).

Museum of Tolerance. 9786 West Pico Blvd., L.A.; Tel. (310) 553 8403. Mo. bis Mi. 10 bis 16 Uhr (letzte Führung), Do. 10 bis 13 Uhr (letzte Führung), Fr. 10 bis 15 Uhr (April bis Oktober) bzw. 10 bis 13 Uhr (November bis März), So. 11 bis 18.30 Uhr (letzte Führung). Samstags und an jüdischen Feiertagen geschlossen (siehe S.37).

Petersen Automotive Museum. 6060 Wilshire Blvd., L.A.; Tel. (323) 930 CARS. Di. bis So. 10 bis 18 Uhr (das Discovery Center schließt um 17 Uhr). Erwachsene $7, Studenten und Senioren $5, Kinder von 5 bis 12 $3, Kinder unter 5 gratis (siehe S.31).

Auf der Third Street Promenade kann man ausgiebig einkaufen und Leute beobachten.

Auch im Obergeschoss des **Heritage Museum** (2612 Main Street) stellen Künstler aus Santa Monica ihre Werke aus. Diese Villa aus der Kolonialzeit wurde an die Main Street versetzt; das Erdgeschoss wurde restauriert und bietet einen Einblick in das Leben in Kalifornien zur Zeit der Jahrhundertwende. Viele Galeristen haben in Santa Monica Geschäfte eröffnet; das Stadtviertel wurde dadurch zu einem Zentrum der zeitgenössischen Kunstszene. Auf der Colorado Avenue zwischen 9th und 10th Street findet man besonders viele Galerien.

Abgesehen vom Strand wurde die **Third Street Promenade** in den letzten Jahren zur Hauptattraktion von Santa Monica. Diese Fußgängerzone mit ihren zahlreichen Geschäften, Restaurants, Cafés, Kinos, Billardklubs und Straßenkünstlern wird das ganze Jahr über von Einheimischen wie von Touristen frequentiert. An Wochenenden ist der Trubel besonders groß.

Interessanterweise leben in Santa Monica zahlreiche Briten, was sich auch an so authentischen Pubs wie dem Ye Old King's Head in der Nähe der Promenade oder dem Tea Room im Tudor House British Center ablesen lässt. Mit zehn bis fünfzehn Prozent Anteil an der Bevölkerung bilden die Briten Santa Monicas wahrscheinlich die größte britische Gemeinde außerhalb Großbritanniens.

Sehenswertes

Etwas weiter vom Meer entfernt liegt die sehr elegante Einkaufsstraße **Montana Avenue**, wo die Menschen aus den reichen Enklaven an der Küste einkaufen (siehe S.81). Im **Museum of Flying** auf dem Flughafen von Santa Monica kann man zahlreiche alte Flugzeuge besichtigen. Die **Bergamot Station** (2525 Michigan Avenue), ein ehemaliger Straßenbahnhof, wo sich heute mehrere Galerien befinden.

Südlich der Rose Avenue verändert sich das Erscheinungsbild der Main Street; sie wird zur Hauptstraße des Künstlerviertels **Venice Beach**. Kleine Häuser in malerischen Seitenstraßen bestimmen das Bild des Stadtteils; der Ocean Front Walk bietet ein Sammelsurium an Ausgeflippten aller Art. An der Muscle Beach trainieren Männer und Frauen im riesigen Open Air-Fitnesscenter; Straßenkünstler, Kartenleser und Strandverkäufer

Straßenkunst

Santa Monica und Venice haben so viele Künstler angezogen, dass beinahe jede freie Wand als Malgrund verwendet wird. In Santa Monica gibt es ungefähr zwei Dutzend Wandmalereien, von denen man drei am Ocean Park Boulevard findet. An der Ecke zur Main Street werden beispielsweise verschiedene viktorianische Figuren dargestellt. Ein kleines Stück davon entfernt (bei der 4th Street) grüßen auf der einen Seite Meeresbewohner aus *Save the Whale*, auf der anderen Seite galoppieren wilde Pferde am Strand entlang. Bei einem Spaziergang auf dem hölzernen Venice Beach Boardwalk kommt man an den Gemälden *Endangered Species* (vom Aussterben bedrohte Tierarten) und an *Venus Reconstituted* vorbei, in dem Botticellis Liebesgöttin auf Rollschuhen fährt.

Das Social and Public Art Resource Center (685 Venice Blvd.; Tel. (310) 822 9560) gibt Auskunft über Wandmalereien in der Stadt und veranstaltet Führungen.

Während Venice Beach vielleicht nicht jedermanns Geschmack ist, bietet sich der Strandweg zum Skaten allemal an.

tragen ebenfalls zur ungewöhnlichen Atmosphäre bei. Die Nachmittage an Wochenenden bieten die größte Vielfalt an Ereignissen, von Beach Boys auf Einrädern zu Rock-Musikern auf Rollerskates.

Weiter südlich liegt **Mother's Beach**, eine von Familien bevorzugte Lagune. Im künstlich angelegten Hafen von **Marina del Rey** kann man Hafenrundfahrten und Angelfahrten buchen. Das **Fishermen's Village** am Fiji Way ist bei Touristen wegen der zahlreichen Souvenirläden und Cafés beliebt. Wer nur den Blick aufs Meer und die zahlreichen Boote genießen möchte, wird sicher ein schattiges Plätzchen am Mindanao Way im **Burton Chase Park** finden.

Weiter nördlich trifft der PCH das westliche Ende des Sunset Boulevard. Wenn man den kurvenreichen PCH in die Hügel fährt, kommt man in das noble **Pacific Palisades**. Nach ein paar Meilen gelangt man zur Ausfahrt zum **Will Rogers State Historic Park**, eine 75 Hektar große Ranch, die dem verstorbenen Cowboy-

Komiker gleichen Namens gehörte. Eine Führung durch das Haus offenbart einige der Exzentrizitäten des Komikers wie z. B. eine Hollywood-Schaukel im Wohnzimmer oder ein hoher Raum, der ihm erlaubte, Lasso-Tricks im Haus zu üben. An Wochenenden

Die Strände

Wer L.A. besucht, möchte meist auch den Pazifik sehen. An den Sandstränden vor dem malerischen Hintergrund der Berge treffen sich alle Angelenos, und das Ergebnis ist eine endlos scheinende Strand-Party aus Surfern, Volleyballspielern, Skatern, Bikern, Bodybuildern, Strandschönheiten und Familien mit Kindern.

Der Surfrider Beach in Malibu bietet Herausforderungen für Surfer. Santa Monica Beach und Venice Beach gehören wegen des großen Angebots an Aktivitäten entlang der Promenade und beim Pier zu den populärsten Stränden.

Manhattan, Hermosa und Redondo werden auch als South Bay Beaches bezeichnet. Hier nahm Kaliforniens Strandkultur ihren Ausgang, als George Freeth 1907 zum ersten Mal seinen Fuß auf Redondo Beach setzte. Die Beach Boys besangen das Surfer-Leben in ihren Songs der sechziger Jahre.

Der 9 km lange Long Beach bietet eine Fülle an Wassersportmöglichkeiten und anderen Aktivitäten.

Einige der schönsten Strände findet man in Orange County. Der 9,5 km lange Bolsa Chica State Beach grenzt direkt an einen Naturpark. Der Strand ist wegen der geringen Brandung besonders bei Familien und Schwimmern beliebt. Der angrenzende Huntington Beach ist hingegen einer der besten Surfer-Strände. Newport Beach und Balboa Beach, durch einen stark befahrenen Radweg miteinander verbunden, sind die beliebtesten Strände dieser Region.

Main Beach liegt direkt bei Laguna Beach und bietet eine belebte Strandpromenade.

Los Angeles

werden auf dem Polo-Platz vor der Ranch Spiele abgehalten; der Park wird von mehreren Wanderwegen durchzogen.

Ein paar Blocks vor dem Ende des Sunset Boulevard liegt der **Self Realization Fellowship Lake Shrine**, ein von Anhängern Paramahansa Yoganandas gegründeter Tempel. Ein Spaziergang durch den schönen großen Garten mit seinen Seen und Wasserfällen bietet Erholung und Entspannung.

Malibu

Malibu ist hauptsächlich für seine exklusiven Villen bekannt, in denen seit den dreißiger Jahren Filmstars und andere Prominente leben. Als Besucher sieht man jedoch höchstens die Rückseite der Anwesen, da der Highway daran vorbei führt. Viele Häuser wurden in den Jahren 1993 und 1994 durch Buschfeuer zerstört; trotzdem sind die Strände des Ortes immer noch idyllisch.

Einer der Treffpunkte am Strand, der vor allem bei Fischern sehr beliebt ist, ist die **Malibu Pier**. Sie wurde 1905 errichtet,

Wenn Sie von den Freeways genug haben, machen Sie eine Runde durch den Self-Realization Fellowship Lake Shrine.

mehrmals umgebaut und wird derzeit für mehrere Millionen Dollar restauriert.

Ein weiterer Punkt, von dem aus man direkt an die Küste gelangt, ist der **Malibu Lagoon State Park**, eines der wenigen noch existierenden Sumpfgebiete Kaliforniens. Man kann das Marschland auf hölzernen Stegen durchwandern und dabei so seltene Vögel wie den Blaureiher oder den amerikanischen Säbelschnäbler beobachten. Neben der Lagune liegt ein bei Surfern beliebter Strand.

Das ehemalige J. Paul Getty Museum (17985 Pacific Coast Highway) heißt seit der Eröffnung des neuen Getty Centers (siehe S.37) **Getty Villa at Malibu**. Das Museum wurde 1954 eröffnet, um die Privatsammlung des Milliardärs Getty zu zeigen. 1974 wurde eine Rekonstruktion der pompejanischen Villa dei Papiri hinzugefügt. Zur Zeit ist die Villa geschlossen; sie soll 2001 wieder eröffnet werden und die griechischen und römischen Sammlungen beherbergen.

DOWNTOWN L.A.

Für den Großteil der Bewohner von Los Angeles ist »Downtown« nicht das Zentrum, sondern eine weit entfernte Skyline, die man nur zu Gesicht bekommt, wenn man etwa die Oper oder eines der Museen besucht. Das soll jedoch nicht heißen, dass das Gebiet östlich von Hollywood nicht auch seine Vorzüge hätte. Eine Reihe schöner historischer Bauten, gute Restaurants und ein buntes Völkergemisch laden zur Besichtigung ein. Theater und Konzertsäle sowie Finanz- und Verwaltungszentren ziehen Besucher an. Den berühmten Glanz und Glitter von Los Angeles wird man hier jedoch vergeblich suchen. Was man tagsüber findet, ist ein lebendiges Bürozentrum und Hotels mit Tausenden von Konferenzteilnehmern – insgesamt also eine Atmosphäre, die eine willkommene Abwechslung zur Zelluloid-Welt weiter

Downtown L.A. ist reich an interessanten Sehenswürdigkeiten und historischen Besonderheiten.

westlich bietet. Nachts gleicht Downtown Los Angeles jedoch einer Geisterstadt.

Tagsüber erkundet man das Zentrum von Los Angeles am besten zu Fuß oder mit den DASH-Bussen (eine Fahrt kostet nur 25 Cents). Nach Büroschluss, wenn die Straßen wie ausgestorben daliegen, sollte man sich lieber mit dem Wagen oder mit dem Taxi bewegen.

Eine der besten Möglichkeiten, das Viertel kennen zu lernen, ist eine der Stadtführungen, die samstags von der Los Angeles Conservancy veranstaltet werden. Bei der Pershing Square Landmark Tour besichtigt man beispielsweise einige interessante Gebäude wie jenes von Guarantee Trust oder Edison mit ihren Böden und Säulen aus Marmor, mit Wandmalereien von Hugo Ballin und schönen Art-déco-Dekorationen. Darüber hinaus gibt es auch verschiedene Spezialführungen. Informationen bekommen Sie unter der Tel. (213) 623 2489.

Sehenswertes

Das Wirtschaftszentrum

Das Los Angeles Visitor and Convention Bureau (Figueroa Street zwischen 7th Street und Wilshire Boulevard) bietet Informationen über die Sehenswürdigkeiten der ganzen Stadt. Zwei Blocks weiter nördlich (Ecke 5th Street und Figueroa) befindet sich der futuristischste Wolkenkratzer von Los Angeles, die fünf zylindrischen Türme des **Westin Bonaventure Hotels**. Im 35. Stock gibt es ein drehbares Restaurant und eine Bar mit schönem Ausblick.

Östlich davon liegt die schöne, von einer Pyramide gekrönte **Central Library** (630 West 5th Street). Sie wurde 1986 durch einen Brandanschlag zerstört, durch eine $ 220 Millionen teure Renovierung jedoch in den vergangenen Jahren wieder aufgebaut.

Gegenüber befindet sich das 73 Stockwerke hohe, von I.M. Pei geplante **First Interstate World Center**, das höchste Gebäude an der Westküste. Daneben führen die majestätischen **Bunker Hill Steps** zur California Plaza und schaffen damit eine symbolische Verbindung zwischen dem alten und dem neuen Zentrum.

Das 1923 eröffnete **Biltmore Hotel** (515 South Olive Street) ist die Grande Dame aller Downtown-Hotels. Bei einer Feier im kleinen Rahmen wurden hier im Jahr 1927 zum ersten Mal die Academy Awards (Oscars) vergeben. Den Namen bekamen die goldenen Statuetten angeblich von Bette Davis, die eine Skizze dafür mit dem Ausruf kommentierte »Er sieht aus wie mein Onkel Oscar!« Der stattliche Rendezvous Court auf der Seite der Olive Street war ursprünglich die Hotellobby. Eine Treppe im Stil des spanischen Barock führt auf eine Galerie mit einer schönen Kassettendecke. Der **Pershing Square** auf der anderen Seite der Olive Street ist der älteste öffentliche Park der Stadt, der auf das Jahr 1781 zurückgeht.

Das **Oviatt Building** (617 South Olive Street) ist ein schönes Beispiel für die Art-déco-Architektur. Der Kaufmann James Oviatt kehrte fasziniert von dem neuen Architekturstil aus Paris zurück und beauftragte René Lalique mit der Gestaltung der zahlreichen Buntglasfenster für das Gebäude, das ursprünglich sein Herrenmodengeschäft und sein Penthouse beherbergte.

Die **Angel's-Flight**-Standseilbahn transportierte von 1901 an die Bewohner der Stadt auf den Bunker Hill. 1969 wurde sie abgebaut, vor einigen Jahren jedoch unter Verwendung der originalen Wagen rekonstruiert. Die Talstation liegt im sogenannten **Watercourt**, einem 0,5 Hektar großen Park an der Olive Street, in dem sich einige Freilichtbühnen und ein computergesteuertes System von Springbrunnen befindet. Sowohl die Seilbahn als auch der Watercourt sind Teils des 1,2 Milliarden Dollar teuren Stadterneuerungsprojekts **California Plaza**.

Der Broadway und das Civic Center

Das Civic Center und die umliegenden Straßen in dem Viertel zwischen First und Temple Street bzw. zwischen North Main Street und North Grand Avenue bilden das politische und kulturelle Zentrum von Los Angeles. Die 1928 errichtete City Hall (Rathaus, 200 North Spring Street) war bis 1957, als die Höhenbeschränkungen aufgehoben wurden, das höchste Gebäude der Stadt. Es wird derzeit erdbebensicher gemacht und kann daher nicht besichtigt werden; die Büros wurden in den Komplex City Hall East ausgelagert.

Das historische Theaterviertel entlang des Broadways hat sich in den letzten Jahren zu einem lebendigen Einkaufszentrum lateinamerikanischer Prägung entwickelt, in dem man hauptsächlich Elektrogeräte und Brautausstattungen kaufen kann. Eine Erinnerung an die glorreiche Vergangenheit bildet das

Million Dollar Theater (310 South Broadway) mit seinen humorvollen Terrakotta-Ornamenten. Das 1917 errichtete Varieté-Theater wird zur Zeit umgebaut und kann daher nur von außen besichtigt werden.

Das 1893 errichtete **Bradbury Building** (304 South Broadway) ist nicht nur eines der ältesten, sondern mit seinen schmiedeeisernen Balkonen, Treppen aus Marmor und offenen Fahrstühlen rund um ein großzügiges Atrium und eines der elegantesten Geschäftsgebäude der Stadt. An Samstagen finden hier auch Führungen statt (Tel. (213) 623 2489).

Das Million Dollar Theater war lange Zeit eine Kirche.

Der **Grand Central Market** (317 South Broadway) versorgt seit dem Jahr 1917 die Stadt mit einer großen Auswahl an Obst, Gemüse, Fisch, Fleisch und verschiedenen exotischen Produkten. Heute bieten Dutzende Stände eine Fülle an Waren aus aller Welt; wer hungrig ist, findet eine große Auswahl an überaus preiswerten Snacks.

Das historische Los Angeles

Die erste Siedlung auf dem Gebiet des heutigen Los Angeles war **El Pueblo de Los Angeles**. Heute steht das Viertel rund um North Main Street und Paseo de la Plaza unter Denkmalschutz. Das Herzstück ist die **Olvera Street**, ein festlich dekorierter Marktplatz mit zahlreichen mexikanischen Restaurants und

Verkaufsständen, an denen man mexikanisches Kunsthandwerk, Masken und Essen kaufen kann. Das Visitor's Center (685 South Figueroa) gibt Auskunft über die historischen Sehenswürdigkeiten wie das **Avila Adobe** (das erste in Los Angeles errichtete Haus) oder die **Old Plaza Church**. An Wochenenden treten auf der Plaza immer wieder *mariachis* (mexikanische Sänger) und Volkstanzgruppen auf.

Die Romantik des Eisenbahnzeitalters kann man in der **Union Station** (800 North Alameda Street) bis heute spüren. Der 1939 im spanischen Kolonialstil erbaute Bahnhof hat einen riesigen, 16 m hohen Wartesaal. In seiner Glanzzeit wurde das Gebäude täglich von einer Million Menschen frequentiert; heute dient es als Zentralbahnhof für die neue Metro Rail.

Die asiatischen Gemeinden

Obwohl Einwanderer aus Asien in fast allen Stadtteilen von Los Angeles leben, gibt es doch einige Viertel, die besonders stark asiatisch geprägt sind.

Chinatown wird von den Straßen Ord, Alameda, Bernard und Yale begrenzt. Rund um die zentrale Fußgängerzone, dem Gin Ling Way mit seinen geschmückten Toren, findet man zahlreiche chinesische Restaurants, Dim-Sum-Lokale, Souvenirläden und Straßenhändler.

Das japanische Gegenstück, **Little Tokyo**, findet man östlich von Downtown rund um die 1st und die Central Street. Ein Turm markiert den Eingang des Einkaufszentrums Japanese Village Plaza (335 East 2nd Street). Zu den weiteren Zentren japanischen Lebens zählt ein Theater, ein Kulturzentrum und das Japanese American National Museum (369 East 1st Street).

Koreatown liegt westlich von Downtown am Olympic Boulevard zwischen Vermont und Western Avenue. Die

Sehenswertes

Schilder sind koreanisch beschriftet; bei der Koreatown Plaza (Ecke Western und San Marino) findet man zahlreiche koreanische Geschäfte und Restaurants. Leider wurde das Stadtviertel während der Rassenunruhen des Jahres 1992 stark beschädigt.

Die Museen in Downtown

Das **Museum of Contemporary Art** (MOCA, 250 South Grand Avenue) gehört zu den interessantesten Museen von Los Angeles. Zur ständigen Sammlung zählen unter anderem Werke von Piet Mondrian, Mark Rothko und Franz Kline. Darüber hinaus gibt es immer wieder Wanderausstellungen sowie einen gut sortierten Museumsshop. Das schöne Gebäude aus rotem Sandstein mit aufgesetzten Glaspyramiden wurde vom japanischen Architekten Arata Isozaki entworfen. Eine Außenstelle des Museums, das sogenannte **Geffen Contemporary**, liegt einige Blocks entfernt (152 North Central)

Das MOCA sollte von keinem Liebhaber kontemporärer Kunst ausgelassen werden.

Das Natural History Museum ist sowohl für Kinder als auch für ihre Eltern interessant.

und hat sich auf die Bereiche Film, Video und Performance-Kunst spezialisiert.

Im **Exposition Park** südlich von Downtown in der Nähe der Universität gibt es mehrere Museen und viele andere Attraktionen, unter anderem das Los Angeles Memorial Coliseum und die Sports Arena.

Das **Natural History Museum** (900 Exposition Boulevard) ist vor allem bei Kindern wegen der Dinosaurierskelette und anderer prähistorischer Fossilien beliebt. Zu den weiteren Attraktionen des großen Museums zählen Dioramen von verschiedenen Tierarten in deren natürlicher Umwelt, ein riesiger ausgestopfter Hai sowie die Hall of Birds (Vogelsaal) mit einem beeindruckenden künstlichen Regenwald. Das hervorragende Discovery Center ist ein interaktives Museum für Kinder (siehe S.96).

Im **California Museum of Science and Industry** (700 State Drive) wird die Welt der Technik präsentiert. Im Aerospace Complex sind Raketen und Satelliten ausgestellt; daneben gibt es ein **IMAX-Kino** (siehe S.43).

Im **California African-American Museum** (600 State Drive) wird anhand von Wechselausstellungen die Geschichte und Kultur der afro-amerikanischen Bevölkerung von Californien dokumentiert.

Sehenswertes

Stars zum Anfassen

Los Angeles bietet zahlreiche Attraktionen, um Besucher auf Trab zu halten; es sind jedoch die Unterhaltungsindustrie und ihre Stars, der Reichtum jener, die es geschafft haben sowie die von schönen Menschen bevölkerten Strände, die die größte Anziehungskraft auf Besucher ausüben. Allerdings gibt es kein absolut sicheres Rezept, wie man an diesem Leben ein wenig teilhaben kann. Man muss einfach die Stadt durchstreifen, die Strandpromenaden entlang schlendern und jene Orte aufsuchen, die von den Einwohnern frequentiert werden. Mit ein wenig Glück wird man Zeuge eines Film-Shootings, läuft einem Filmstar über den Weg oder erlebt andere kuriose Dinge, die man eben nur in Kalifornien erleben kann.

Trotzdem gibt es einige Orte, an denen die Wahrscheinlichkeit für eine Begegnung der besonderen Art ein wenig höher ist. Wer einen Tisch in Wolfgang Pucks Spago, bei Mr. Chow (siehe S.140) oder Ivy's by the Shore (siehe S.142) reserviert, hat gute Chancen, neben einem der Stars zu sitzen. Four Seasons (siehe S.131) und Mondrian's Sky Bar (S.131) werden von zahlreichen nach Cocktails dürstenden VIPs besucht. (Wer nicht im Hotel Mondrian wohnt, sollte die Sky Bar allerdings vor 20 Uhr besuchen; nach 20 Uhr gibt es exklusive Gästelisten – wer nicht darauf steht, wird abgewiesen.) Auch in den exklusiven Geschäftsstraßen und Einkaufszentren wie Sunset Plaza, Rodeo Drive oder der Boutique Ron Herman Fred Segal in West Hollywood stehen die Chancen für eine Star-Begegnung gut.

Bei der Entertainment Industry Development Corporation (Tel. (323) 957 1000) kann man eine Broschüre anfordern, die über Drehtermine und -orte informiert.

Los Angeles

BERGE UND TÄLER

Wenn Angelenos von »The Valley« sprechen, dann meinen sie mit Sicherheit das San Fernando Valley, ein dicht besiedeltes Tal, das durch eine Bergkette vom südlich gelegenen Downtown Los

Letzte Ruhestätten

Auch Hollywood-Stars leben nicht ewig; immerhin jedoch ist ihr Ruhm ausreichend, um Friedhöfe zu Touristen-Attraktionen zu machen. Ein Beispiel dafür ist der Hollywood Memorial Cemetery in der Nähe der Paramount Studios. Hier befinden sich unter anderem die Gräber von Cecil B. DeMille und Douglas Fairbanks Sr. Rodolfo Valentino ist in der Krypta des Cathedral Mausoleum begraben; eine mysteriöse *Lady in Black* besuchte alljährlich bis zu ihrem Tod im Jahr 1989 das Grab am Todestag des Schauspielers.

Auf dem Westwood Memorial Cemetery findet man das vielleicht berühmteste Grab der Stadt: jenes von Marilyn Monroe. Ihr Ex-Ehemann Joe DiMaggio schmückte das einfache Grab noch Jahrzehnte nach ihrem Tod allwöchentlich mit Rosen. Auch Truman Capote und Natalie Wood liegen hier begraben.

Der Lawn Cemetery in Glendale wird von zahlreichen Marmorstatuen und anderen Kunstwerken – unter anderem findet man eine Buntglas-Version von Leonardos Abendmahl – geschmückt. Errol Flynn, Humphrey Bogart, Walt Disney und Spencer Tracy gehören zu den vielen Stars, die hier ihre letzte Ruhestätte fanden. Die Gräber von Nat King Cole, Alan Ladd und Clara Bow findet man im Freedom Mausoleum; jene der Schauspieler Clark Gable, Carole Lombard und Jean Harlow sind im Great Mausoleum zu sehen. Eine Abteilung des Friedhofes in den Hollywood Hills enthält unter anderem die Gräber von Stan Laurel, Buster Keaton, Charles Laughton und Liberace.

Angeles getrennt ist. Obwohl hier so berühmte Filmstudios wie Universal, Warner Brothers oder NBC angesiedelt sind, gilt das Gebiet als langweilige Vorstadt. Auch die benachbarten Täler von San Gabriel und Santa Clarita – auch sie sind durch Berge vom Becken von Los Angeles getrennt – haben den Charakter endloser Vorstädte.

Ein guter Grund für einen Ausflug in den Norden ist eine Fahrt auf dem **Mulholland Drive**, eine kurvenreiche Bergstraße, die den Highway 101 mit dem Ventura County verbindet.

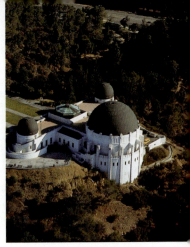

Einen Blick durch das Teleskop oder in das Planetarium bietet das Griffith Observatory.

Besonders nachts bieten sich wunderschöne Ausblicke auf die Stadt mit ihren Tausenden von Lichtern.

Griffith Park

Lohnenswert ist auch ein Besuch des größten städtischen Parks der U.S.A., des 1620 Hektar großen **Griffith Park**, der die Orte Burbank und Glendale von Hollywood trennt. Der Park hat mehrere Eingänge; beim Osteingang, den man vom Golden State Freeway (Highway 5) aus erreicht, kann man im Visitor's Center einen kostenlosen Plan mitnehmen und sich über die Attraktionen des Parks informieren.

Der vielleicht schönste Ausblick auf Los Angeles bietet sich an klaren Tagen vom **Griffith Park Observatory** auf dem Mount Hollywood, das auch in dem James Dean-

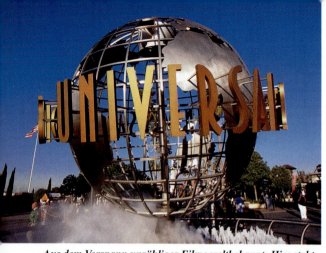

Aus dem Vorspann unzähliger Filme weltbekannt: Hier steht das Wahrzeichen der Universal Studios als Skulptur.

Klassiker *Rebel Without a Cause* zu sehen ist. Im Innern kann man die Hall of Science mit einem Foucaultschen Pendel und der sogenannten Cosmic Ray Cloud Chamber besuchen. Wer abends kommt, kann den Sternenhimmel durch ein Teleskop beobachten. Im Planetarium Theater gibt es mehrmals täglich Vorführungen; im Anschluss an die Abendvorführungen wird auch eine Lasershow mit Musik geboten.

Der **Los Angeles Zoo** an der Nordostseite des Parks beherbergt mehr als 400 verschiedene Arten von Tieren, die nach ihren Herkunftsländern gruppiert sind. Der Zoo ist für die Züchtung gefährdeter Tierarten bekannt.

Neben dem Zoo liegt das **Gene Autry Western Heritage Museum**, das von einem der bekanntesten Cowboy-Darsteller der dreißiger, vierziger und fünfziger Jahre gegründet wurde. Seine Hommage an den »Wilden Westen« besteht aus

Sehenswertes

Möbelstücken, Kunstwerken und anderen Artefakten; darüber hinaus wird dokumentiert, wie die Besiedlung des Westens im 19. Jh. in der Literatur, in der Malerei, im Film und in der Werbung romantisiert wurde.

San Fernando Valley

Man sollte das San Fernando Valley nicht auslassen, denn hier befindet sich nicht nur eine der ältesten Missionsstationen Kaliforniens, sondern hier liegen auch einige der größten Filmstudios der Welt.

Die größte Attraktion bilden die **Universal Studios Hollywood** (erreichbar über den Hollywood/101 Freeway, Ausfahrt Universal Center Drive oder Lankershim Boulevard); das Gelände bietet sowohl ein funktionierendes Filmstudio mit regelmäßigen Führungen als auch einen großen Vergnügungspark mit zahlreichen Attraktionen. An Bord eines kleinen Zuges fährt man als Besucher an verschiedenen berühmten Filmsets vorbei. Unterwegs wird man von King Kong und vom weißen Hai bedroht. Danach fährt man über eine zusammenbrechende Brücke und übersteht sowohl eine reißende Sturmflut als auch ein simuliertes Erdbeben der Stärke 8,3.

Danach kann man den Zauber Hollywoods bei sol-

In den Universal Studios kann man an jeder Ecke etwas Neues entdecken.

Die Descanso Gardens in Pasadena sind ein wohltuender Kontrast zur Großstadt.

chen Attraktionen wie Jurassic Park genießen: *The Ride* führt durch Wildwasser, *Backdraft* bietet eine Fülle an Spezialeffekten, und mit dem Bewegungssimulator von *Back to the Future* saust man schließlich durch Lawinen, Vulkane und den Rachen eines Dinosauriers. Die Wartezeiten vor den einzelnen Attraktionen sind manchmal etwas lang, werden den Besuchern aber von zahlreichen Musikshows auf den Straßen des Parks versüßt.

Auch der **City Walk** (Universal Center Drive, Universal City), eine Art Fantasy-Einkaufszentrum mit amüsanten Geschäften und Restaurants, ist bei Touristen außerordentlich beliebt.

In den nahe gelegenen **Warner Brothers Studios** (4000 Warner Boulevard) gibt es keine Shows für Besucher – hier wird gearbeitet, und die Führungen finden je nach Drehterminen zu unterschiedlichen Zeiten statt. Die Führungen sind auf kleine Gruppen von bis zu 12 Personen (Mindestalter 8 Jahre) beschränkt; wenn der Zeitplan es erlaubt, kann man auch bei Proben für TV-Shows zusehen.

Im »Valley« liegt auch eine der schönsten Missionsstationen von Kalifornien, die nach dem spanischen König Ferdinand III. benannte **Mission San Fernando Rey de España** (15151 San Fernando Mission Boulevard, Mission

In der Altstadt von Pasadena kann man das Einkaufen und das Essen in der Atmosphäre des 19. Jh. genießen.

Hills). Die Kirche mit ihren kostbaren Goldverzierungen aus dem 16. Jh. an der Rückseite des Altars sowie das Kloster mit seinen Bogengängen und den aufgemalten Indianermotiven wurden sorgfältig restauriert.

Pasadena und San Gabriel Valley

Obwohl die idyllischen Orangen- und Zitronenhaine im San Gabriel Valley östlich von Downtown längst endlos scheinenden Vororten gewichen sind, bietet dieser wohlhabende Stadtteil einige botanische Sehenswürdigkeiten. Im **Arboretum of Los Angeles County** (301 North Baldwin Avenue) findet man Pflanzen aus aller Welt. Am Fuß der San Gabriel Mountains liegen die **Descanso Gardens** (1418 Descanso Drive Ecke Verdugo Boulevard, La Cañada), die vor allem für ihre Kamelien und Rosen berühmt sind.

Die vierte in Kalifornien errichtete Missionsstation, **Mission San Gabriel Arcangel** (537 West Mission Drive, San

Gabriel), sollte die wohlhabendste werden. Heute kann man die Kapelle, das Museum, den Friedhof, den Weinkeller und die Gärten besichtigen.

Südlich der oft von Schnee bedeckten San Gabriel Mountains liegt das hübsche Städtchen **Pasadena**, dessen indianischer Name »Krone des Tales« bedeutet. Angelockt vom milden Klima und den üppigen Orangenplantagen ließen sich in den achtziger Jahren des 19. Jh. zahlreiche Zuwanderer aus dem mittleren Westen der USA hier nieder. Der Ort wuchs schnell; zur Jahrhundertwende gab es bereits zahlreiche luxuriöse Villen und Hotels für die Besucher. Später entwickelte sich Pasadena zu einem überaus beliebten Fremdenverkehrsort.

Dieses Erbe kann man heute noch an den zahlreichen eleganten Gebäuden und den breiten, mit Bäumen gesäumten Boulevards ablesen. Auch die große Kuppel des Rathauses, der **Pasadena City Hall** (1414 Mission Street) aus dem Jahr 1927, legt Zeugnis davon ab. Der nahegelegene Abschnitt des Colorado Boulevard bildet das Herzstück von **Old Town Pasadena**. In diesen 11 Blocks findet man viele sorgfältig restaurierte Gebäude im viktorianischen Stil und zahlreiche Geschäfte und Restaurants.

Pasadena ist unter anderem für sein **Rose Bowl Stadium** berühmt, ein 100 000 Besucher fassendes Stadion. Eines der wichtigsten Spiele ist das Football-Spiel am Neujahrstag. Vor dem Spiel findet sich ungefähr 1 Million Menschen ein, um der **Tournament of the Roses Parade** auf dem Colorado Boulevard beizuwohnen. An einem Tag pro Monat wird im Stadion ein Flohmarkt veranstaltet.

Das zweifellos berühmteste Haus von Pasadena ist das **Gamble House** (4 Westmoreland Place). Das von den Architekten Greene und Greene im Jahr 1908 errichtete Gebäude ist ein schönes Beispiel für die üppige Architektur der Jahrhundertwende. Jedes Detail, von den feinen Holzarbeiten über die wertvollen Möbel bis

Sehenswertes

zu den Tiffany-Lampen und Fenstern, wurde von den Architekten für die Auftraggeber David und Mary Gamble gestaltet.

In Pasadena findet man überdies einige der interessantesten Museen von Los Angeles Das 84 Hektar große Areal der **Huntington Library, Museum, and Botanical Gardens** befand sich einst im Besitz des Eisenbahnmagnaten Henry E. Huntington. Die Bibliothek gehört weltweit zu den wichtigsten wissenschaftlichen Bibliotheken und enthält neben einer Gutenberg-Bibel und dem Originalmanuskript von Geoffrey Chaucers *Canterbury Tales* auch unzählige sehr seltene Bücher und Manuskripte.

Die Sammlung britischer und französischer Malerei im Museum gehört zu den größten in den Vereinigten Staaten. Darüber hinaus findet man amerikanische Malerei von 1730 bis 1930, Renaissance-Gemälde und französisches Kunsthandwerk des 18. Jh.

Der idyllische botanische Garten bietet abwechslungsreiche Landschaften. Zu den Höhepunkten gehört der Desert Garden (Wüstengarten) mit zahlreichen großen Kakteen, ein japanischer Garten mit Teichen, Fischen und einer schönen Brücke sowie der berühmte Rosengarten, in dem die 2000-jährige Geschichte der Rose ausführlich dokumentiert wird.

Tausende von Rosen wurden für die Dekoration der Rose Bowl-Jacht gebraucht.

Das ebenso renommierte **Norton Simon Museum** (411 West Colorado Boulevard) beherbergt eine der besten amerikanischen Sammlungen europäischer Malerei mit Meisterwerken von Rembrandt, Goya, Picasso, den Impressionisten und vielen anderen. Zusätzlich findet man eine große Sammlung an Skulpturen von Degas und Rodin. Als »östliches« Gegengewicht dazu gibt es eine hervorragende Sammlung indischer und südostasiatischer Skulpturen.

Das Gebäude des **Pacific Asia Museum** (46 North Robles Drive) ist einem chinesischen Kaiserpalast nachempfunden. Es beherbergt traditionelle und zeitgenössische Kunst aus Asien und einen chinesischen Garten im Innenhof.

SOUTH COAST

Von Palos Verdes nach San Pedro

Die Klippen der Halbinsel **Palos Verdes** und der gewundene **Palos Verdes Drive** südlich von Redondo Beach bieten einige der schönsten Ausblicke auf den Pazifik. Das **Point Vicente Lighthouse** (Leuchtturm) ist ein schöner Rastplatz, von dem man die zerklüftete Schönheit der Region bewundern kann. Im Winter kann man von hier aus Wale beobachten.

Die hübsche **Wayfarer's Chapel** (5755 Palos Verdes Drive South) liegt direkt an den Klippen. Die interessante Glasstruktur wurde von Frank Lloyd Wrights Sohn als Hommage an den schwedischen Philosophen Emanuel Swedenborg errichtet; sie ist täglich geöffnet.

Zu den Städten dieses Küstenabschnittes gehört auch **San Pedro**, der größte künstlich angelegte Hafen der Welt, der an den Hafen von Los Angeles anschließt. Vom hohen Bogen der Vincent Thomas Bridge ist der Blick auf die sich über mehrere Meilen erstreckenden Hafenanlagen mit ihren riesigen Ladekränen besonders beeindruckend. Man kann eine Hafen-

Früher reisten Könige mit der Queen Mary über die Ozeane, heute ist sie auch gewöhnlichen Gästen zugänglich.

rundfahrt buchen oder das direkt am Hafen gelegene Einkaufszentrum **Ports O'Call Village** besuchen.

Long Beach war schon zu Beginn des 20. Jh. ein populärer Ferienort. Besucher kamen für einen Tagesausflug mit der alten elektrischen Straßenbahn aus der Stadt, Filmstars ließen sich großzügige Sommerhäuser mit Blick auf den Pazifik errichten. Elizabeth Taylor soll mit ihrem ersten Ehemann Nicky Hilton die Hochzeitsnacht im hiesigen Hilton-Hotel (heute *The Breakers*) verbracht haben.

Mit dem Kauf des ehemaligen Ozeandampfers *Queen Mary* im Jahr 1967 erfuhr Long Beach eine Aufwertung. Das damals größte Kreuzfahrtschiff der Welt wurde im Hafen verankert und ist heute Hotel und Touristenattraktion ersten Ranges. Der 1936 in Dienst gestellte Luxusdampfer beförderte unzählige Staatsoberhäupter, Könige und andere berühmte Persönlichkeiten auf seinen Fahrten über den Atlantik. Heute kann man die eleganten Aufenthaltsräume und Decks, die Brücke und andere Räume besichtigen.

Los Angeles

An der Wand der Long Beach Arena auf der anderen Seite des Hafens kann man Wylands *Planet Ocean* entdecken, ein 1500 m² und 10 Stockwerke hohes Wandgemälde, auf dem zahlreiche Wale, Delfine und Seelöwen zu sehen sind. Long Beach hat etwa 50 solcher Wandmalereien, die häufig aus der Zeit des *New Deal* in den dreißiger Jahren stammen. Neben der Arena liegt das Long Beach Convention and Entertainment Center, das Konferenz- und Veranstaltungszentrum der Stadt.

Die von zahlreichen Restaurants, Cafés und Jazz-Klubs gesäumte Promenade, die über sieben Blocks vom Büroviertel zum Jachthafen führt (in der Nähe der Pine und Long Beach Boulevards und der 1st und 3rd Street), bildet das Herzstück des Stadterneuerungsprojektes im Zentrum der Stadt. Die Touristeninformation von Long Beach bietet unter anderem Informationsbroschüren über sehenswerte Gebäude entlang des Ocean Boulevard und der Pine Avenue. Im April werden die Straßen des Zentrums zur Rennbahn für die Teilnehmer des Toyota Grand Prix (siehe S.87).

Die Umgebung von Los Angeles bietet saubere und schöne Strände meilenweit – und Long Beach ist da keine Ausnahme.

Long Beach ist mit seinen mehrere Meilen langen Sandstränden ein wichtiges Wassersportzentrum (siehe S.90). Gondola Getaway (5437 East Ocean Boulevard) bietet Gondelfahrten durch die Kanäle von Naples Island. In Shoreline Village gibt es ein Einkaufszentrum mit zahlreichen Restaurants, das einem typischen alten Hafenstädtchen Neu-Englands nachempfunden ist.

AUSFLÜGE

Wenn Sie ein Auto zur Verfügung haben, rücken die Berge, Strände, Wüsten und die weiteren Sehenswürdigkeiten Südkaliforniens in greifbare Nähe. Im Folgenden finden Sie Vorschläge für verschiedene Tagesausflüge.

Orange County

Orange County schließt im Süden an Los Angeles County an, ist jedoch im Charakter völlig verschieden. Aufgrund des wesentlich konservativeren Lebenswandels seiner Bewohner wird der Bezirk von den Angelenos oft als »behind the orange curtain« (hinter dem orangefarbenen Vorhang) bezeichnet. Abgesehen von 67 km Sandstrand und schönen Küstenorten ist der Bezirk vor allem für zwei Attraktionen bekannt: Disneyland und Knott's Berry Farm (ein weiterer Vergnügungspark). Nähere Informationen bekommt man im Anaheim Convention and Visitor's Bureau (siehe S.116).

Disneyland

Seit seiner Eröffnung im Jahr 1955 hat sich **Disneyland** weltweit zu einer der meistbesuchten Touristenattraktionen entwickelt. Wer durch die Tore des Parks schreitet, betritt ein verzaubertes Land mit zum Leben erwachten Märchenfiguren und zahlreichen technologischen Zauberkunststücken.

Der Park ist in mehrere *lands* (Länder) eingeteilt, in denen man jeweils verschiedene *rides* (Fahrten) unternehmen kann.

Los Angeles

Adventureland bietet eine Jungle Cruise durch die Wildnisse Afrikas und des Südpazifiks. Einer der neuesten *rides*, das Indiana Jones Adventure, basiert auf den beliebten Filmen von Steven Spielberg. Der New Orleans Square bietet zwei der beliebtesten Attraktionen: Pirates of the Caribbean (Piraten der Karibik) und Haunted Mansion (ein Spukschloss). Im Critter Country kann man eine aufregende Fahrt mit dem Floß unternehmen, während man im Frontierland in den Wilden Westen zurück versetzt wird.

In Fantasyland, das man durch Sleeping Beauty's Castle (Dornröschenschloss) betritt, wird man in die Welt des Märchens entführt. It's a Small World bietet eine faszinierende Reise rund um die Welt; Mickey's Toontown ist eine Art dreidimensionaler Comic Strip, durch den sich die Besucher bewegen können. Tomorrowland bietet unter anderem Raketen, Star Tours und den Space Mountain (eine aufregende Achterbahn im Dunkeln).

Neue Attraktionen sind der 3-D-Film *Honey, I Shrunk the Audience* (Liebling, ich habe das Publikum geschrumpft), eine schnelle Schlittenfahrt (Rocket Rods) und ein interaktiver Brunnen namens Cosmic Waves.

Die interessantesten Attraktionen bietet der Park allerdings erst nach Einbruch der Dunkelheit. Chinesische Akrobaten und Figuren aus verschiedenen Disney-Filmen nehmen an der Mulan Parade auf der Main Street teil. Danach wird allabendlich über dem Märchenschloss ein großartiges Feuerwerk inszeniert. Die faszinierendste Show ist wahrscheinlich Fantasmic!, bei der Bilder auf einen riesigen Wasservorhang projiziert werden. Davor agieren Schauspieler unterstützt von spektakulären Spezialeffekten.

Disneyland ist riesengroß und dennoch während des Sommers oft überfüllt. Bei manchen Attraktionen sind die Wartezeiten lang (30–90 Minuten); wer einer der Paraden beiwohnen möchte, sollte sich etwa zwei Stunden vorher einen Platz auf der Main Street sichern. Wenn möglich, sollten Sie nicht im Sommer oder zu Weihnachten anreisen; von September bis Mai ist der Park am wenigsten besucht. Wer im Sommer kommt, muss – speziell mit kleinen Kindern – zwei Tage für den Besuch veranschlagen. Es gibt Pässe für einen, zwei oder drei Tage. Seien Sie möglichst früh hier und besuchen Sie die Hauptattraktionen, bevor die Warteschlangen zu lang werden.

Früher waren es Brathühner – heute wird Ihnen bei Knott's der Kopf auch anders verdreht.

Knott's Berry Farm

Knott's Berry Farm, der älteste Vergnügungspark der U.S.A., war ursprünglich eine Obstfarm auf einem 8 Hektar großen Gelände in Buena Park westlich von Anaheim. In den dreißiger Jahren begann Walter Knott, eine neue Beerenart, die *boysenberries*, zu kultivieren, die er erfolgreich verkaufen konnte. Um das Familieneinkommen aufzubessern, begann seine Ehefrau, Brathuhn auf ihrem Hochzeitsgeschirr zu servieren. Bald schon standen die Leute Schlange, um Brathuhn und Kuchen mit *boysenberries* zu erwerben.

Walter Knott interessierte sich für den alten Westen; als zusätzliche Attraktion für die hungrigen Gäste errichtete er eine Geisterstadt. Der Aufbau dauerte lange Zeit, weil die einzelnen Gebäude Stück für Stück aus mehreren Städte zusammengetragen

Auch für Gäste ist ein Besuch in der Kapelle der Crystal Cathedral sehr empfehlenswert.

wurden. Bald jedoch war der erste Themenpark geboren.

Heute hat der Park sechs Zonen mit verschiedenen Themen, die sich an Besucher unterschiedlicher Altersstufen richten. In der Geisterstadt gibt es den Ghost Rider, eine neue Achterbahn. Fiesta Village ist eine Hommage an die spanische Kolonialzeit. Auch hier gibt es eine Achterbahn (The Jaguar) und ein Karussell aus der Zeit der Jahrhundertwende mit handgeschnitzten Figuren. Die Indian Trails folgen den Legenden, der Musik und dem Tanz der Indianer Nordamerikas. The Boardwalk ist eine Rekonstruktion eines Vergnügungsparks der zwanziger Jahre. Der Höhepunkt der Wild Water Wilderness ist Bigfoot Rapids, eine Fahrt auf einem reißenden Fluss. Camp Snoopy richtet sich mit Snoopy und anderen Figuren aus den *Peanuts*-Comics vor allem an die jüngsten Besucher.

Doch auch die älteren Besucher kommen auf ihre Kosten, vor allem bei den superschnellen Achterbahnen Montezooma's Revenge und Boomerang. An verschiedenen Stellen des Parks gibt es Musik und andere Unterhaltung. Das Restaurant beim Parkeingang serviert auch heute noch die berühmten Brathühner.

Rund um Anaheim

Unweit von Knott's liegt das **Movieland Wax Museum** (7711 Beach Boulevard, Buena Park), in dem Wachsfiguren berühmter

Sehenswertes

Filmstars zu sehen sind. Die Figuren, die oft in den Originalkostümen stecken und vor Original-Sets präsentiert werden, sind realistischer als jene im Hollywood Wax Museum. Die Eintrittskarte gilt auch für das angrenzende Ripley's Believe It or Not! (siehe S.26).

Wer auch beim Abendessen nicht auf Unterhaltung verzichten möchte, kann **Medieval Times Dinner and Tournament** (7662 Beach Boulevard) besuchen: Die Besucher essen mit den Händen, während Schauspieler mit Schwertern und anderen Waffen kämpfen und die Gäste unterhalten.

Die **Richard Nixon Library and Birthplace** (18001 Yorba Linda Boulevard, Yorba Linda) dokumentiert auf detaillierte Art das Leben des 37. U.S.-Präsidenten. Nixon musste während der Zeit des Kalten Krieges zahlreiche weitreichende außenpolitische Entscheidungen treffen; er war der einzige Präsident in der Geschichte der U.S.A., der abdankte. Auch für jemand, der wenig über US-Politik weiß, ist die Ausstellung von Interesse

Die **Crystal Cathedral** (12141 Chapman Avenue, Garden Grove) wurde in den letzten zwei Jahrzehnten des 20. Jh. vom Fernsehprediger Robert Schuller errichtet. Das Gebäude ähnelt in der Form einem vierzackigen Stern; 10 000 Glasscheiben machen es nahezu vollständig transparent. Die Kapelle im Turm hat ein schönes gläsernes Kreuz und Wände aus Marmor.

Die Küste des Orange County

Die Küste südlich von Los Angeles entspricht ganz dem kalifornischen Traum: Der Strand ist immer nur ein paar Schritte entfernt, das Tempo ist wesentlich langsamer und entspannter, die Kleidung betont lässig. Der Strand steht im Mittelpunkt des Lebens; wer jedoch unternehmungslustig ist, der findet auch hier verschiedene Attraktionen und sogar einige Bastionen der »Hochkultur«.

Los Angeles

Nördlich von Huntington Beach liegt die **Bolsa Chica Ecological Reserve**, ein Salzwassersumpf mit einem 2,5 km langen Wanderweg, an dem es mehr als 300 verschiedene Vogelarten zu beobachten gibt.

Im modischen **Newport Beach** findet man die elegante Fashion Island Shopping Mall. In der Nähe ankern tausende von Jachten und anderen Booten; am Strand beim Newport Pier verkaufen die Fischer an Wochentagen noch immer fangfrischen Fisch.

Die Balboa Peninsula (Halbinsel Balboa) trennt den Jachthafen vom Ozean. Ein asphaltierter Weg, der von Spaziergängern, Radfahrern und Skatern benützt wird, führt am Strand entlang. Am südlichen Ende des Jachthafens liegt der 1902 im viktorianischen Stil errichtete Balboa Pavilion. Ursprünglich war er als Badehaus konzipiert; in den vierziger Jahren spielten Big Bands zum Tanz auf, heute ist in dem schönen Gebäude ein kleines Einkaufszentrum mit Restaurants und Cafés untergebracht. An dieser Stelle beginnen auch die Hafenrundfahrten.

Laguna Beach ist eine der attraktivsten Städte der South Coast. In den fünfziger und sechziger Jahren war der Ort eine Künstlerkolonie (daher stammt auch der Spitzname Soho by the Sea); heute ist er von luxuriösen Villen umgeben. Im Zentrum auf der Höhe der Main Beach findet man zahlreiche Galerien; im Sommer finden hier mehrere Kunstfestivals statt (siehe S.83).

Die 1776 gegründete **Mission San Juan Capistrano** liegt in der Nähe von Dana Point. Obwohl das Herzstück der Missionsstation, die Great Stone Church, 1812 durch ein Erdbeben vernichtet wurde, geben die sorgfältig restaurierten Lehmgebäude und die Gärten einen guten Einblick in das Leben zur Kolonialzeit. Die Serra Chapel ist das älteste heute noch in Gebrauch stehende Gebäude Kaliforniens; hier las auch Pater Junipero Serra, der Gründer der ersten Missionsstationen, die Messe. Die Schwalben, die jedes

Früher haben die Besucher von Catalina in Mr. Wrigley's Avalon Casino die Nacht zum Tag gemacht.

Frühjahr am St. Joseph's Day hierher zurückkehren und ihre Lehmnester bauen, werden in zahlreichen Liedern und Legenden besungen.

Wem nach einem Tag in der Sonne nach ein wenig Kultur zumute ist, der besuche das **Orange County Performing Arts Center** (600 Town Center Drive, Costa Mesa), in dem Konzerte und Opernaufführungen mit lokalen und internationalen Künstlern veranstaltet werden. Auch das preisgekrönte South Coast Repertory Theater tritt hier auf; im angrenzenden Einkaufszentrum South Coast Plaza findet man zahlreiche elegante Geschäfte.

Catalina Island

Ein Ausflug nach **Catalina Island**, einer der acht Channel Islands, ist sowohl bei Touristen als auch bei den Angelenos beliebt. Tausende Tagesausflügler kommen pro Jahr auf die

Willkommene Abgeschiedenheit bieten die Berge von Big Bear und Lake Arrowhead.

Insel, um sich zu erholen und die zahlreichen Wassersport-Möglichkeiten zu nützen. Für längere Aufenthalte stehen Hotels zur Verfügung.

Die Fähren fahren von San Pedro und von Long Beach ab, der schnelle Catalina Flyer verbindet die Insel mit Newport Beach; für ganz Eilige gibt es auch einen Helikopter-Service. Vor allem im Sommer sollte man die Überfahrt auf jeden Fall im Voraus buchen.

Die einzige Stadt der Insel, Avalon, liegt am Fuße einer imposanten Bergkette. Da es keine Autos gibt, hat das Städtchen einen gewissen altmodischen Charme. Am einen Ende des Hafens steht das denkmalgeschützte Kasino. Es wurde 1929 vom Kaugummi-Millionär William Wrigley errichtet. In den dreißiger und vierziger Jahren kamen ganze Bootladungen von Angelenos, um im eleganten Ballsaal die Nacht durchzutanzen. Bei einer Führung kann man die schöne Art-déco-Ausstattung des Gebäudes bewundern.

Die Insel eignet sich hervorragend zum Tauchen und Schnorcheln (mehrere Firmen bieten Leihausrüstungen und Tauchunterricht an). Wer lieber an der Wasseroberfläche bleibt, kann eine Bootsfahrt entlang der Küste oder eine Fahrt mit dem Glasboden-Boot unternehmen. Landratten können den 3 km entfernten Wrigley Memorial and Botanical Garden besuchen.

Sehenswertes

Ein großer Teil der zerklüfteten Landmasse steht unter dem Schutz der Santa Catalina Island Conservancy. Eine Büffelherde, die 1924 für Dreharbeiten auf die Insel gebracht wurde, zählt heute 400 Tiere. Eine Rundfahrt führt über schmale, steile Straßen und bietet immer wieder grandiose Ausblicke. Wer wandern oder klettern möchte, braucht dazu eine schriftliche Erlaubnis.

Berge, Seen und Wüsten

Die nächstgelegenen Erholungsgebiete in den Bergen sind **Big Bear Lake** und **Lake Arrowhead**; sie liegen östlich der Stadt und sind weniger als zwei Fahrtstunden entfernt. Sie bieten im Sommer eine willkommene Abwechslung zur Hitze der Stadt; im Winter kann man am Big Bear Ski fahren.

Wer in die Wüste ziehen möchte, ohne ganz auf den Komfort der Zivilisation zu verzichten, sollte einen der Urlaubsorte rund um **Palm Springs** zwei Stunden östlich von Los Angeles besuchen. Hier kann man sich an einem Swimmingpool erholen, auf dem Tennisplatz ins Schwitzen geraten oder die Wüste mit dem Jeep erforschen. Abends bieten die Orte eine Fülle an eleganten Restaurants. Palm Springs ist vor allem im Winter beliebt; im Juli und August liegen die Temperaturen oft über 38°C!

Städte in der Umgebung

Wer andere Städte an der Küste besuchen möchte, erreicht sowohl das ruhige **Santa Barbara** im Norden als auch das lebendige **San Diego** im Süden innerhalb von zwei Stunden. San Diego, die zweitgrößte Stadt Kaliforniens, hat sich in den letzten Jahren zu einem wichtigen Fremdenverkehrsort entwickelt und bietet zahlreiche Attraktionen, unter anderem La Jolla, den San Diego Zoo, den San Diego Wild Animal Park, das Globe Theater oder das Scripps Institute of Oceanography.

Die wichtigsten Sehenswürdigkeiten

Die wichtigsten Museen finden Sie auf S.42. Alle angegeben Preise waren zum Zeitpunkt der Drucklegung korrekt, können sich jedoch ändern.

Mann's Chinese Theater and the Walk of Fame. 6925 Hollywood Blvd., Hollywood; Tel. (323) 464 8111. Die Terasse ist immer geöffnet. Der Walk of Fame zieht sich an der Straße entlang (siehe S.24).

Disneyland. 1313 Harbor Blvd., Anaheim (Orange County); Tel. (714) 999 4565 oder (213) 626 8605/4565; www.disneyland.com. Der älteste Vergnügungspark von Disney bietet sowohl für Kinder als auch für Erwachsene unvergessliche Erlebnisse. Von September bis Mai: üblicherweise Mo. bis Do. 10 bis 20 Uhr, Fr. 10 bis 20 Uhr, Sa. 9 bis 24 Uhr, So. 9 bis 21 Uhr. An Feiertagen gelten andere Öffnungszeiten. Von Memorial Day (Mai) bis Labor Day (erste Septemberwoche) bleibt der Park abends länger geöffnet. Erwachsene: 1 Tag $38, 2 Tage $68, 3 Tage $95; Kinder (3–11): 1 Tag $28, 2 Tage $51, 3 Tage $75. Jahres- und Saisonkarten erhältlich (siehe S.69).

Knott's Berry Farm. 8039 Beach Boulevard, Buena Park (Orange County); Tel. (714) 220 5200 oder (714) 827 1776. Ursprünglich war die Farm für ihre Brathühnchen und Torten berühmt. Heute ist sie ein Vergnügungspark zum Thema Wilder Westen. Sommer: So. bis Do. 9 bis 23 Uhr, Fr. und Sa. 9 bis 24 Uhr; Winter: Mo. bis Fr. 10 bis 18 Uhr, Sa. 10 bis 22 Uhr, So. 10 bis 19 Uhr; am 25. Dezember geschlossen. Erwachsene $36, Kinder (3 bis 11) $26, Senioren $26. Alle Karten $16.95 nach 16 Uhr (siehe S.71).

Hollywood Entertainment Museum. Hollywood Galaxy Complex, 7021 Hollywood Blvd.; Tel. (323) 465 7900; www.hollywoodmuseum.org. Täglich 10 bis 18 Uhr. Erwachsene $7.50, Senioren und Studenten $4.50, Kinder (5 bis 12) $4, Kinder unter 5 gratis (siehe S.26).

Mission San Juan Capistrano. Camino Capistrano und Ortega Highway. Besucher-Zentrum: 31882 Camino Capistrano Nr. 107, San Juan Capistrano (Orange County); Tel. (949) 248 2048. Das schöne Gelände und die interessanten Lehmgebäude erinnern an die spanische Kolonialzeit. Täglich 8.30 bis 17 Uhr (mit Ausnahme der wichtigsten Feiertage). Erwachsene $5, Kinder $4, Kinder unter 3 gratis (siehe S.74).

Universal Studios Hollywood. 100 Universal Plaza, Universal City; Tel. (818) 508 9600; www.universalstudios.com. Führungen durch die Studios und andere Attraktionen. Sommer: täglich ab 8 Uhr geöffnet; Winter: täglich ab 10 Uhr. Erwachsene $38, Kinder $28 (siehe S.61).

Griffith Park Observatory. 2800 E. Observatory Rd, Griffith Park; Tel. (323) 663 8171. Der schönste Aussichtspunkt, von dem man an klaren Tagen ganz L.A. überblicken kann. Planetarium. Täglich bis 22 Uhr geöffnet. Freier Eintritt (siehe S.59).

Venice Beach's Ocean Front Walk. Straßenkünstler, Strandschönheiten, Freaks und Touristen treffen auf der hölzernen Strandpromenade zusammen, die auch zahlreiche Geschäfte bietet. (siehe S.45).

Richard Nixon Library and Birthplace. 18001 Yorba Linda Blvd., Yorba Linda; Tel. (714) 993 3393; www.nixonfoundation.org. Mo. bis Sa. 10 bis 17 Uhr, So. 11 bis 17 Uhr (siehe S.73).

Huntington Library, Museum, and Botanical Gardens. 1151 Oxford Rd., San Marino (Pasadena); Tel. (626) 405 2100. Interessante und ausgefallene Bücher und Manuskripte, britische und französische Kunst des 18. und 19. Jh., botanischer Garten. Di. bis Fr. 12 bis 16.30 Uhr, Sa. und So. 10.30 bis 16.30 Uhr. Erwachsene $8.50, Senioren $7, Kinder ab 12 Jahren $5, Kinder unter 12 $3 (siehe S.65).

Los Angeles

WAS UNTERNEHMEN WIR HEUTE?

EINKAUFEN

Wenn es ein Einkaufsparadies gibt, dann liegt es vermutlich in Los Angeles. Alles, was Sie schon immer haben wollten – und vieles, von dem Sie gar nicht ahnten, dass es existiert – gehört nach einmaligem Durchziehen der Kreditkarte Ihnen. Seien Sie versichert: Sie werden in den unzähligen Geschäften der Stadt am Pazifik mehr als nur ein paar Mitbringsel finden.

Einkaufsstraßen

Der **Rodeo Drive** in Beverly Hills scheint für die meisten Besucher der erste Einkaufsstopp zu sein. Hier findet man die teuersten Boutiquen – Tiffany, Chanel, Mondi, Armani und dergleichen –, aber auch erschwinglichere Waren bei Ralph Lauren oder Guess.

Das Mode-Angebot in den Geschäften auf der **Melrose Avenue** zwischen La Brea und Fairfax ist nicht nur günstiger, sondern auch jugendlicher und unkonventioneller. Hier lag einst das Epizentrum der jugendlichen Gegenkultur; heute tummeln sich in den Geschäften jedoch mehr Touristen der jüngeren Generationen als Einheimische. Trotzdem kann man hier gute Waren zu günstigen Preisen erstehen.

Die Melrose Avenue führt auch nach West Hollywood, wo man zwischen Galerien und Designer-Läden das extrem teure Minikaufhaus Ron Herman Fred Segal findet, das immer wieder von Stars frequentiert wird. Maxfield bietet eine große Auswahl an Kleidung von Top-Designern.

Third Street zwischen La Cienega und Crescent Hights ist eine authentischere Alternative zur Melrose Avenue; hier kann man zwischen Geschäften für Kleidung, Schuhen, Antiquitäten und Souvenirs wählen.

La Brea (zwischen Wilshire und Melrose) und **Beverly Boulevard** (zwischen La Brea und Curson) werden hauptsächlich von den eleganten Einheimischen besucht, die für die Geschäfte der Melrose Avenue ein wenig zu alt und für jene am Rodeo Drive zu kultiviert sind. An beiden Straßen findet man Möbel mit Stil, elegante Mode, Designer-Läden und Geschäfte mit ausgefallenen Geschenken.

Schrille Läden in der Melrose Avenue werben um jugendliche Kundschaft.

Auch die **Sunset Plaza** (Sunset Boulevard) bietet exklusive Boutiquen und Hollywood-Atmosphäre in Reinkultur. Hier findet man oft auch ausgefallene Einzelstücke.

L.A. hat zahlreiche spezialisierte Buchhandlungen. Zwei der berühmtesten sind Bodhi Tree (Melrose Avenue), das sich auf New-Age-Literatur spezialisiert hat, sowie Book Soup (Sunset Boulevard), wo man ausländische Zeitungen und Magazine findet.

Auch das elegante Santa Monica hat mehrere interessante Einkaufsstraßen. Auf der **Main Street** findet man alles vom billigen Trödlerladen bis zur schicken Boutique. Die **Montana Avenue** ist hauptsächlich für teure Designer-Mode und ebenso teure Möbelgeschäfte bekannt. Die ständig von Touristen und Einheimischen überfüllte **Third Street Prome-**

Veranstaltungskalender

Egal zu welcher Jahreszeit man anreist, durch die verschiedenen Kulturen und Nationalitäten gibt es in L.A. immer irgendwo ein Festival, einen Umzug, eine Feier oder eine Benefiz-Gala. Im Folgenden finden Sie eine Auswahl aus diesem Programm. Für genauere Informationen lesen Sie bitte die Veranstaltungshinweise in den Programmzeitschriften und Lokalzeitungen (siehe S.122).

Januar/Februar

Tournament of Roses Parade:
Umzug am Neujahrstag in Pasadena; *Chinese New Year Celebration:* Umzug, Karneval und andere Veranstaltungen in Chinatown.

März

Fiesta de las Golindrinas: Fest in der Mission San Juan Capistrano zur Rückkehr der Schwalben.

April

Toyota Grand Prix: Autorennen in Long Beach inklusive Rahmenprogramm; *L.A. Fiesta Broadway:* Straßenfestival in Downtown L.A. im Andenken an den Cinco de Mayo (jeweils am letzten Aprilwochenende).

Mai

Cinco de Mayo: Feier auf der Olvera Street anlässlich des mexikanischen Unabhängigkeitstages mit Mariachi-Musik und Tanz, Spielen und Essen; *Venice Art Walk:* Zahlreiche Führungen durch Studios, Galerien und Privathäuser in der Künstlerkolonie Venice Beach, Rahmenprogramm.

Juni

Playboy Jazz Festival: Zwei-Tage-Festival mit verschiedenen Stilrichtungen in der Hollywood Bowl; *L.A. Gay and Lesbian Pride Celebration:* Zweitägiges Festival und Umzug in West Hollywood.

Juli

Orange County Fair: Rodeovorführungen und andere Unterhaltung während der Landwirtschaftsmesse in Costa Mesa;

Pageant of the Masters/Festival of Arts: Gemälde alter Meister werden in Laguna Canyon von Menschen nachgestellt; *OP Pro Surfing Championship:* Der größte Surf-Wettbewerb der Welt am Huntington Beach Pier mit Wettbewerben für Amateure und Profis.

August

Long Beach Jazz Festival: Weltklasse-Jazz am Jachthafen; Blues Festival an der California State University am Long Beach; *Nisei Week Japanese Festival:* Umzug, Musik und Tanz, Ausstellungen und andere Veranstaltungen in Little Tokyo.

September

Koreatown Multicultural Festival: Umzug, Musik und Tanz, Taekwondo-Vorführungen und andere Veranstaltungen; *Catalina Island Country Music Festival:* Ein Wochenende mit Live-Musik im historischen Grand Ballroom.

Oktober

Halloween: Ausgelassener Umzug und andere Veranstaltungen auf dem Santa Monica Boulevard am Abend des 31. Oktober.

November

Pasadena Doo-Dah Parade: Parodie auf die Tournament of Roses Parade mit ausgefallenen Nummern wie der Briefcase Brigade (Aktentaschen-Brigade) am Samstag nach Thanksgiving; *Hollywood Christmas Parade:* Traditioneller Weihnachtsumzug mit Staraufgebot am Sonntag nach Thanksgiving.

Dezember

Las Posadas: Eine Prozession bei Kerzenschein entlang der Olvera Street, die an den Einzug Marias und Josefs in Bethlehem erinnert; *Christmas Boat Parades:* Geschmückte Jachten ziehen an den Jachthäfen von San Pedro, Marina del Rey und Newport Harbor vorbei; *New Year's Eve Torchlight Parade:* Nächtliche Prozession auf Skiern mit Fackeln auf den Pisten des Big Bear Mountain, anschließendes Fest mit Live-Musik.

nade bietet eine große Zahl an preisgünstigen Bekleidungsgeschäften, Juwelierläden und Geschenkboutiquen.

In **Old Town Pasadena** im Nordosten der Stadt laden verlockende Kleider-, Dessous- und Geschenkboutiquen zum Einkaufsbummel ein. Der **Ventura Boulevard** im San Fernando Valley bietet auf einer Länge von mehreren Meilen alles, was das Herz begehrt.

Universal City's **CityWalk** richtet sich mit seinen Spielwarenläden, Sportgeschäften und Läden, die alles für den angehenden Zauberer oder für Science Fiction-Fans bieten, vor allem an Touristen.

Einkaufszentren

Auf Grund des Dauerstaus auf den Stadtautobahnen ist das *one-stop shopping*, der Einkauf von Waren aller Art unter einem Dach also, sehr beliebt. Daher findet man in und um Los Angeles eine große Zahl an Einkaufszentren.

> *I'm just browsing* sagt man in einem Laden, wenn man sich nur umsehen und nicht unbedingt etwas kaufen möchte.

Die Bewohner von Beverly Hills kaufen meist im **Century City Shopping Center** ein, einer angenehmen Open-Air-Mall, die jedoch an Wochenenden oft völlig überfüllt ist. Zwischen Beverly Hills und West Hollywood liegt das **Beverly Center** mit mehr als 200 Geschäften. In Westwood gibt es den **Westside Pavilion**. Am Ende von Santa Monicas Third Street Promenade liegt das Einkaufszentrum **Santa Monica Place**.

Im San Fernando Valley gibt es unter anderem die **Sherman Oaks Galleria** und den **Fashion Square**. Das eleganteste und größte Einkaufszentrum von Orange County ist die **South Coast Plaza** in Costa Mesa mit 300 Geschäften, wo es auch einige Designer-Outlets gibt. Auch **Fashion Island** in Newport Beach bietet eine große Auswahl an Waren.

Was unternehmen wir heute?

Kaufhäuser

In fast allen Stadtteilen findet man große Kaufhäuser wie z. B. Macy's, Bloomingdale, Nordstrom, Neiman-Marcus, Sak's Fifth Avenue oder Barney's New York. Am Wilshire Boulevard in Beverly Hills gibt es gleich mehrere Filialen.

Preisgünstige Waren

Das Cooper Building liegt im Herzen des **Garment District** (Textilviertel) südöstlich von Downtown auf der Los Angeles Street. Hier findet man mehr als 50 Diskont-Läden von Designer-Ketten wie Armani oder DKNY.

Die nahe gelegene Hill Street zwischen West 5th und 6th Street ist das Zentrum des **Jewelry District** (Schmuckviertel).

Los Angeles hat mehrere Flohmärkte (sie heißen entweder *flea market* oder *swap meet*). Einer der besten findet am zweiten Sonntag im Monat von 9–15 Uhr neben der Rose Bowl in Pasadena statt.

Märkte

Die verschiedenen Märkte von Los Angeles bieten eine gute Gelegenheit, preiswerte Snacks zu erstehen, die strahlende Sonne zu genießen und sich mit den Angelenos zu vermischen, die hier Lebensmittel, Blumen und allerlei Krimskrams kaufen und verkaufen.

Am Grand Market, dem ältesten Markt von L.A. gibt es so manche frische Versuchung.

Los Angeles

Der berühmte **Farmer's Market** (3rd und Fairfax) wird sowohl von Touristen als auch von älteren Einheimischen und flotten Erfolgstypen besucht, die hier alle Fleisch, Käse, Brot, Obst und Gemüse oder Schokolade einkaufen.

Der **Farmer's Market von Santa Monica** (Arizona Avenue bei der Third Street Promenade) findet mittwochs und samstags statt.

Der **Grand Central Market** in Downtown Los Angeles (Broadway) ist der älteste und größte Markt der Stadt. Auf dem **Flower Market** in Downtown (Wall und 8th Street) kann man günstig Schnittblumen und Topfpflanzen erstehen – die beste Auswahl hat man allerdings vor Tagesanbruch.

SPORT

Zuschauersport

In fast allen Stadtteilen von Los Angeles hat man die Möglichkeit, verschiedene Sportveranstaltungen – von Baseball bis zum Segeln – zu besuchen.

Machen Sie es wie Millionen von Amerikanern: Kaufen Sie sich ein Hot Dog und ein Bier und schauen Sie sich ein Baseball-Spiel an, etwa im **Dodger Stadium** in Chavez Ravine nördlich vom Zentrum oder im **Anaheim Stadium** in Anaheim, der Heimstätte der Angels.

> *Area code* bezeichnet die Vorwahl, *zip code* bedeutet Postleitzahl. Ein *collect call* ist ein R-Gespräch. Wählen Sie eine Null und folgen Sie den Anweisungen des *operators*.

Im neuen **Staples Center** in Downtown Los Angeles gibt es von Oktober bis April Basketball-Spiele der Lakers und der Clippers.

Das Niveau der diversen College-Mannschaften beim Football (Rugby) ist generell sehr hoch. Das Team der UCLA spielt in der **Rose Bowl**, das der USC im **Coliseum**.

Bei einer so hitzigen Atmosphäre überrascht es nicht, dass die Angelenos gerne in die Stadien der Stadt pilgern.

Von November bis März kommen Eishockey-Fans auf ihre Kosten: Die Los Angeles Kings spielen im **Forum** in Inglewood, die Mighty Ducks im **Arrowhead Pond**, der neuen Arena gegenüber vom Anaheim Stadium.

Der **Toyota Grand Prix** in Long Beach zieht jedes Jahr im April Fahrer und Zuschauer aus aller Welt an. Der Riviera Country Club in Pacific Palisades ist jeden Februar Schauplatz eines hochkarätigen Golfturniers, des **Los Angeles Open**. Im Juli und August findet beim Huntington Beach Pier der weltweit größte Surf-Wettbewerb, der **OP Pro Surfing Championship**, statt.

Pferderennen gibt es im Herbst und im Frühjahr im **Santa Anita Park** in Arcadia, von April bis Juli und während des Autumn Festival im **Hollywood Park** in Inglewood. In **Los Alamitos** in der Nähe von Disneyland finden das ganze Jahr über Trab- und Galopprennen statt. Von Mai bis Oktober (samstags und sonntags) finden im **Will Rogers State Historic Park** Polo-Spiele statt.

Long Beach hat vier Jachtklubs; von April bis September finden zahlreiche Regatten und andere Wassersportwettbewerbe statt.

Teilnehmersport

Mehr als 116 km Strand, malerische Berge, eine sportbegeisterte Bevölkerung und viel Sonne sorgen dafür, dass es rund um Los Angeles genug Möglichkeiten zur sportlichen Betätigung gibt.

Zahlreiche Wege für Radfahrer, Jogger und Rollschuhfahrer führen an der Küste entlang. Das Department of Beaches and Harbors Visitor Information Center (13837 Fiji Way, Marina del Rey; Tel. (310) 305 9545) gibt verschiedene Karten und Informationsbroschüren heraus. Der in Los Angeles gelegene Abschnitt der 1600 km langen **Pacific Coast Bicentennial Bike Route** ist besonders populär. Er erstreckt sich über 26 Meilen (42 km) zwischen Malibu und Torrance Beach.

Joggen am Strand ist nicht nur gesund, sondern bietet auch viele schöne Ausblicke.

Die Greater Los Angeles Area bietet über 100 Golfplätze. Die Stadt selbst betreibt sieben 18-Loch-Plätze und fünf 9-Loch-Plätze. Informationen über diese Plätze gibt es unter Tel. (213) 485 5566; für alle anderen unter Tel. (323) 738 2961. Die öffentlichen Plätze sind sehr beliebt; man sollte daher im Voraus reservieren. Auch in Orange County und den Städten rund um Palm Springs gibt es mehrere Golfplätze.

Was unternehmen wir heute?

In fast allen Stadtteilen von Los Angeles findet man Tennisplätze. Informationen über die öffentlichen Plätze können Sie unter Tel. (213) 485 5555 erhalten.

Santa Monica und die San Gabriel Mountains bieten ein dichtes Netz an Wanderwegen. Das Büro des Los Angeles National Forest gibt Auskunft darüber (Tel. (626) 574 5200). Wer in der Stadt bleiben möchte, der kann auf den mehrere Meilen langen Wegen des **Griffith Park** Rad fahren, joggen oder reiten. Man sollte dabei jedoch abgelegene Teile meiden und den Park bei Anbruch der Dunkelheit verlassen.

Der knapp über 5 km lange Weg entlang des **Hollywood Reservoir** in den Hollywood Hills ist ideal zum Joggen und lässt einen dabei sogar beinahe vergessen, dass man sich in einer Millionenstadt befindet.

Wer im **Eaton Canyon** in Pasadena wandern möchte, wende sich an das Nature Center (Tel. (626) 398 5420). Von den Wanderwegen und Naturlehrpfaden des **Will Rogers State Historic Park** in Pacific Palisades (siehe S.46) hat man immer wieder schöne Ausblicke auf das Meer und die Berge.

Der 5 km lange Pfad entlang des Hollywood Resevoirs bietet sich sowohl zum Laufen als auch zum Wandern an.

Los Angeles

Lake Arrowhead und Big Bear Lake sind Teil des **San Bernardino National Forest** im Osten der Stadt und bieten eine weitgehend unberührte Bergwelt. Für nähere Informationen wenden Sie sich bitte an die örtlichen Fremdenverkehrsämter (siehe S.115).

Weitere Informationen über die Parks und die verschiedenen Aktivitäten in den **Santa Monica Mountains** gibt es unter Tel. 1-800-533-PARK. Der National Park Service (Tel. (818) 597 9192) gibt Auskunft über die verschiedenen **Nationalparks** an der Westküste.

Der Reitsport ist rund um Los Angeles sehr populär Das Los Angeles Equestrian Center (Tel. (818) 840 8401) und Bar S Stables (Tel. (818) 242 8443) benützen beide die Reitwege rund um den Griffith Park.

Wassersport

Die gesamte Pazifikküste südlich von Santa Barbara ist eine Spielwiese für Freunde des Wassersports. Die Strände von Long Beach bis Malibu bieten perfekte Verhältnisse zum Surfen, Windsurfen und Schwimmen. Bei den Sportgeschäften an der Strandpromenade kann man üblicherweise Surfboards ausleihen; oft bekommt man dort auch Tips, wo man Unterricht nehmen kann.

> **(NO) VACANCY** vor kleineren Hotels oder Motels zeigt an, ob noch Zimmer frei sind.

Long Beach ist ein Zentrum für alle Arten von Booten: Hier können Segelboote, Dinghies, Kanus und Motorboote aller Größen ausgeliehen werden. In Marina del Rey kann man auch Jachten chartern. Newport Beach und Dana Point (Orange County) haben sich in den letzten Jahren ebenfalls zu Zentren für den Bootsverleih entwickelt.

Wer das Steuern lieber den anderen überlässt, kann eine Hafenrundfahrt in Marina del Rey, in San Pedro oder bei der

Die südkalifornische Küste ist berühmt dafür, den vielen Surfern ausgezeichnete Bedingungen zu bieten.

Halbinsel Balboa unternehmen. Für romantische Seelen bietet sich eine Gondelfahrt in Long Beach an. Von Marina del Rey, San Pedro, Newport Beach und verschiedenen anderen Häfen starten in den Wintermonaten Boote, von denen man Wale beobachten kann.

Jet Skis kann man in den oben erwähnten Orten sowie in Malibu ausleihen. Parasailing ist ein neuer Modesport; beim Balboa Pavilion kann man ihn ausprobieren. In Long Beach, Malibu und Marina del Rey kann man die Ausrüstung für das Windsurfen und das Kajakfahren ausleihen und auch Unterricht nehmen.

Weitere beliebte Wassersportarten sind Tauchen und Schnorcheln. Rund um Catalina Island ist das Unterwasserleben besonders interessant, doch auch in Long Beach, Redondo Beach und Malibu wird die nötig Ausrüstung vermietet. Der beste Strand des Orange County ist Laguna Beach. Er steht wegen seines faszinierenden Unterwasserlebens gänzlich unter Naturschutz.

Wintersport

Viele Angelenos gehen im Winter in den nahe gelegenen Bergen Ski fahren. Beliebte Skigebiete sind daher an Wochenenden oft überfüllt, und man sollte die Liftkarten im Voraus bestellen, indem man sich direkt an das Fremdenverkehrsamt des jeweiligen Ortes wendet (siehe S.115).

Eines der am nächsten gelegenen Skigebiete ist **Mount Baldy**. Die größeren Gebiete sind etwa 90 Minuten Fahrzeit von der Stadt entfernt. Das populärste ist **Big Bear**, wo es zahlreiche Lifte und Kunstschnee-Anlagen gibt. Informationen über dieses und andere Skigebiete in der Umgebung erhält man bei der Big Bear Lake Resort Association (Tel. (909) 866 7000) oder beim San Bernardino Convention and Visitors Bureau (Tel. (909) 889 3980).

UNTERHALTUNG

Die »Welthauptstadt der Unterhaltung« weiß, wie sie Besucher bei Laune hält. Es gibt Jazz-Klubs, Opernaufführungen und Konzerte mit Solisten aus aller Welt, Varieté, Broadway-Shows, Rock- und Pop-Konzerte, Travestie-Shows, Nachtklubs und Tanzlokale für beinahe jede Musikrichtung und vieles andere mehr.

> **Der Kraftstoffverbrauch eines Fahrzeugs wird in den USA nicht mit Liter/100 km, sondern mit Meilen/Gallone angegeben.**

Veranstaltungshinweise findet man in den Tageszeitungern und den verschiedenen kostenlosen Programmzeitschriften (siehe S.121). Bei der **Visitor Events Hotline** (Tel. (213) 689 8822) gibt es auch Informationen in deutscher Sprache.

Eintrittskarten kann man entweder am Veranstaltungsort selbst oder bei Agenturen wie Ticketmaster (Tel. (213) 480 3232; www.ticketmaster.com) bestellen (Kreditkarte erforderlich). (Karten für TV-Shows siehe S.128)

Musik und Theater

Die Konzertsäle und Theater von Los Angeles gehören zu den besten des Landes. Der renommierteste Veranstaltungsort ist das **Music Center** im Zentrum (Tel. (213) 972 7211), das aus mehreren Sälen besteht: Im **Dorothy Chandler Pavilion** werden klassische Musik, Oper und Ballett dargeboten, im **Ahmanson Theater** große Musicals und im kleineren **Mark Taper Forum** zeitgenössisches Theater.

Auch das **Shubert Theater** in Century City (Tel. 1 800 233 3123) bietet Musicals. Im **Shrine Auditorium** und im **UCLA Center for the Arts** treten Tanzgruppen aus aller Welt auf. Tanzvorführungen kleinerer Gruppen gibt es an vielen anderen Orten in der Stadt.

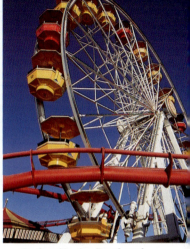

Drehen Sie eine Runde auf diesem nostalgischen Riesenrad am Santa Monica Pier.

Am **Santa Monica Pier** gibt es im Sommer die Twilight Dance Series sowie zahlreiche Konzerte bei freiem Eintritt. Im **Watercourt** (California Plaza, Downtown) gibt es das ganze Jahr hindurch auf drei Freilichtbühnen Gratiskonzerte und andere Vorführungen.

Amphitheater

Abendunterhaltung unter den Sternen gehört zu den Höhepunkten der südkalifornischen Lebensweise. Die Sommerkonzerte des Los Angeles Philharmonic und des Hollywood Bowl

Auch wenn man nicht eingeladen ist kann man bei den vielen Filmpremieren einen Blick auf die Stars erhaschen.

Orchestra erfreuen sich großer Beliebtheit bei den Angelenos, die mit Picknickkörben ausgerüstet zur **Hollywood Bowl** strömen. Im **John Anson Ford Amphitheater** gegenüber werden Shakespeare-Stücke aufgeführt und Konzerte veranstaltet. Das **Greek Theater** im Griffith Park bietet immer wieder Rock- und Pop-Konzerte.

Film

Angesichts der überragenden Bedeutung der Filmindustrie für Los Angeles überrascht es nicht, dass die Stadt unglaublich viele Kinos hat. Wollen Sie für nur $2,50 einen Film im Cineplex Odeon Fairfax sehen? Interessieren Sie sich für den Independent Film? Haben Sie Lust, einen Kassenschlager im historischen Mann's Chinese Theater oder im El Capitan zu sehen? Oder wollen Sie sich einfach ein paar Stunden in einem Raum mit Klimaanlage gönnen? Wählen Sie einfach (323) 777 FILM und finden Sie heraus, was wann wo gespielt wird.

Wem die Entscheidung schwer fällt, der geht am besten in eines der riesigen Multiplex-Kinos. Mann Theaters in Westwood Village ist ein Premierenkino mit neun guten Sälen. Weitere populäre Multiplex-Kinos sind die Galaxy 6 Theaters in Hollywood, AMC Century 14 Theaters im Century City Shopping Center und die Universal City 18 Cinemas in der Nähe der Universal Studios.

Die Kinokette Laemmle Theater zeigt ausländische Filme. Das Wells Fargo Theater im Gene Autry Western Heritage Museum ist auf Western spezialisiert.

Nachtleben

Sie kennen das wilde Nachtleben von Los Angeles aus den vielen Hollywood-Filmen? Dann brauchen Sie nur den Sunset Strip entlang zu fahren, um zu sehen, woher die Inspiration dazu kommt. Das Nachtleben der Stadt besteht jedoch nicht nur aus Exzessen, sondern bietet für jeden Geschmack etwas.

Entlang des Sunset Boulevard findet man einige der berühmtesten **Nachtklubs** wie den Club Lingerie, The Roxy oder das Whisky-a-Go-Go. Die besten **Bars** findet man in Hollywood und im Westen der Stadt: The SkyBar, The Whiskey Bar, Martini Lounge und das Kane. Guten **Blues** kann man unter

Cocktails mit Aussicht

Es gibt wohl kaum einen besseren Ausklang für den Tag, als bei Sonnenuntergang einen Cocktail in einem »Zimmer mit Aussicht« zu schlürfen.

Hollywood bietet einige solcher Aussichtspunkte: das Yamashiro Restaurant, das 360° (ein Penthouse-Restaurant mit Bar), die SkyBar im Hotel Mondrian, das Restaurant Fenix im Hotel Argyle oder das drehbare Restaurant auf dem Dach des Hollywood Holiday Inn.

anderem im Harvelle's Blues Club in Santa Monica, in Jack's Sugar Shack in Hollywood oder im House of Blues in West Hollywood hören. Die berühmte Jazz Bakery in Culver City, die Catalina Bar and Grill in Hollywood und das Baked Potatoe in North Hollywood sind nur drei der vielen **Jazz**-Klubs.

Varieté-artige Unterhaltung bietet der Cinegrille im Hollywood Roosevelt Hotel. In vielen Hotel-Bars findet man überdies gute Barpianisten.

Coffeehouses (Cafés) gibt es überall, besonders viele in Santa Monica und in West Hollywood. Manche davon bieten bisweilen auch Lesungen oder Live-Musik.

Billard ist bei den Angelenos sehr beliebt. Auf Santa Monicas Third Street Promenade gibt es zwei Pool Halls: das Yankee Doodle und die ungewöhnliche Gotham Hall.

KINDER

Kinder lieben Los Angeles: Die Stadt bietet mehr als genug Unterhaltungsmöglichkeiten, um ständig für Abwechslung zu sorgen.

Ganz oben in der Beliebtheitsskala stehen natürlich die großen Vergnügungsparks **Disneyland**, **Knott's Berry Farm** und die **Universal Studios**. Etwas weiter entfernt liegt **Six Flags Magic Mountain** (Tel. (818) 992 0884), der für seine schnellen Achterbahnen bekannt ist, sowie der Wildwasser-Park **Raging Waters** in San Dimas (Tel. (909) 592 6453).

Einige Museen in Los Angeles richten sich speziell an Kinder. Das **Children's Museum** in Downtown Los Angeles (Tel. (213) 687 8801) ist ein interaktives Museum, in dem die Kinder Kissenschlachten veranstalten, ihre eigenen TV-Shows filmen oder sich schminken können. Das **Kidspace Museum** in Pasadena (Tel. (626) 449 9143) ist ähnlich organisiert und richtet sich an Kinder von 1 bis 12.

Das **Natural History Museum** in Los Angeles County und die Expositur in Burbank sind für die ganze Familie geeignet.

Abgesehen von Dinosauriern bieten sie auch das Discovery Center, in dem Kinder aller Altersstufen spielerisch die Naturwissenschaften entdecken können. Auch das **California Museum of Science and Industry** bietet interaktive Möglichkeiten sowie ein IMAX-Kino. Daneben kommt das **George C. Page Museum of La Brea Discoveries** bei Kindern gut an.

Der **Los Angeles Zoo** im Griffith Park ist sowohl bei Einheimischen als auch bei Besuchern beliebt. Im Park kann man außerdem auf Ponys reiten oder mit dem Zug, mit der Kutsche oder mit dem Karussell fahren und im Anschluss daran das Griffith Observatory besuchen.

Nicht nur Kinder mögen die Ballons bei der Third Street Promenade in Santa Monica.

Die **Santa Monica Pier** wurde in den letzten Jahren zu einer bei Familien beliebten Attraktion ausgebaut und bietet ein Karussell und andere *rides* sowie verschiedene Spiele.

Wenn die Kinder vom Besichtigen erschöpft sind, bietet sich ein erholsamer Tag am Strand an. Die Strände von Santa Monica, Venice und Long Beach, jene in der South Bay und in Orange County bieten asphaltierte Wege für Radfahrer, Jogger, Skater und Spaziergänger. Die notwendige Ausrüstung kann man in nahe gelegenen Geschäften ausleihen. An vielen Stränden gibt es Volleyball-Netze und Kinderspielplätze (zusätzliche Angaben finden Sie auf S.126).

Los Angeles

ESSEN UND TRINKEN

Ähnlich wie in der Unterhaltungsindustrie geht es auch in vielen Restaurants mindestens ebenso sehr um das Image wie um die Küche. Um sich gegenüber der Konkurrenz durchzusetzen, versuchen die Restaurantbesitzer ihrem Restaurant ein spezielles Profil zu verleihen – und kommen dabei oft auf die ausgefallensten Ideen.

Es gibt etwa 20 000 Restaurants in L.A., und die Auswahl reicht vom einfachen Fast Food-Restaurant bis zum teuren Hauben-Lokal. Sich in einer bunt gemischten Menge bei Pink's um einen *chili dog* oder *fries* (Pommes Frites) anzustellen, kann jedoch ebenso aufregend und interessant sein wie ein Abendessen Seite an Seite mit Cindy Crawford im eleganten Spago.

Obwohl manchmal schon die eleganten oder ausgefallenen Dekorationen ausreichen, um Besucher anzulocken, haben sich viele Restaurantbesitzer in den letzten Jahren glücklicherweise wieder mehr auf die Küche konzentriert. Die Kalifornische Küche basiert auf ausgezeichnetem Fleisch, Fisch und anderen immer ausgesprochen frischen Farmprodukten. Das Resultat sind eine Viefalt an oft äußerst kreativen und gelun-

Genießen Sie ein Abendessen in einem Restaurant am Sunset Boulevard.

genen Gerichten, die Einflüsse aus den verschiedensten Kulturkreisen verraten.

Vor allem in den Restaurants von ursprünglich nicht in den Vereinigten Staaten beheimateten Kulturen kann man oft ausgesprochen preiswert essen. Selbst in den teuersten Lokalen findet man jedoch meist auch einige erschwinglichere Gerichte auf der Speisekarte, vor allem zur Mittagszeit.

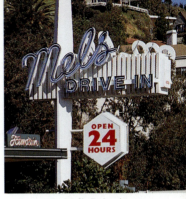

In Mel's Drive-in am Sunset Strip wird immer für gute Laune gesorgt.

Die Desserts sind meist auf geradezu dekadente Art üppig – man wundert sich, wie die Bewohner von Los Angeles dabei so fit bleiben können. Auf den Weinkarten der meisten Lokale findet man dazu eine gute Auswahl der besten kalifornischen Weine.

Fast alle Stadtteile bieten Restaurants für jedermanns Geschmack und Budget. In West Hollywood, Santa Monica und Beverly Hills ist die Auswahl besonders groß.

Frühstück

In L.A. ist das Frühstück keine Mahlzeit, sondern ein Ereignis. Die großen Hotels bieten reichhaltige Frühstücksbüfetts, doch auch in vielen Cafés in der gesamten Stadt hat sich in den letzten Jahren eine Kaffeekultur breit gemacht.

Auf den Speisekarten findet man oft Omelette in den verschiedensten Variationen sowie viele andere Eierspeisen, Toast und *pancakes* (Pfannkuchen). Danach gibt es *muffins* (eine Art Teegebäck) und andere Süßspeisen, *bagels* (ringförmige Brötchen), Joghurt und Früchte. Frisch gepresste Fruchtsäfte sind im südlichen Kalifornien ebenso reich an Vielfalt und besonders gut. Die meisten Restaurants sind auch gerne bereit, die Speisen nach Ihren Wünschen abzuändern.

Ausländische Küche

Das bunte Völkergemisch von L.A. macht sich natürlich auch anhand der Vielfalt ethnischer Restaurants bemerkbar: Es gibt kaum eine Küche, die hier nicht vertreten wäre.

Die Sushi-Restaurants von L.A. sind die besten Kaliforniens. Man findet sie nicht nur in Little Tokyo, sondern überall in Downtown und an der Westside.

> **SPECIALS in Restaurant sind meistens Tagesgerichte. Sie sind entweder gesondert auf der Speisekarte aufgeführt, stehen auf einer Tafel im Restaurant oder werden vor der Bestellung von der Bedienung vorgelesen. Sie müssen allerdings nicht unbedingt preisgünstig sein.**

Die verschiedenen chinesischen Regionalküchen – Peking, Szechuan, Schanghai, Hunan oder Kanton – kann man sowohl in billigen Lokalen in Chinatown als auch in den eleganten Restaurants in Beverly Hills genießen.

Die authentisch koreanischen Restaurants befinden sich hauptsächlich in Koreatown.

An den Ständen des Grand Central Market (Broadway) oder an der Olvera Street kann man einfache und preiswerte mexikanische Gerichte ausprobieren. Darüber hinaus bieten die mexikanischen Restaurants der Stadt regionale Spezialitäten und in manchen Fällen auch Gourmet-Küche.

Jüdische *delis* (Delikatessen-Läden) findet man vor allem an der Fairfax Avenue und am Beverly Boulevard, wo *potato pancakes* (Kartoffel-Pfannkuchen), *cheese blintzes* (mit Käse

Für den schnellen Hunger - Pink's Famous Chili Dogs ist in L.A. eine Institution.

gefüllte Teigtaschen), eine meist reiche Auswahl an Sandwiches und auch viele andere osteuropäische Spezialitäten nach Ihren Wünschen serviert werden.

Getränke

Kaffee kann man in L.A. in so vielen verschiedenen Varianten genießen, dass selbst der kultivierteste Connaisseur beim Bestellen ein wenig in Verlegenheit geraten wird. Ob man seinen Kaffee nun mit aufgeschäumter Milch oder mit Soja-Milch, mit Vanille, mit Zitrone oder in allen anderen erdenklichen Geschmacksrichtungen möchte – oder gar einen *decaf* (koffeinfrei) bestellt – man muss genau wissen, was man will. Darüber hinaus eignen sich die zahlreichen Cafés hervorragend zur Beobachtung der Angelenos und der Umgebung.

Obwohl die Rezession der frühen neunziger Jahre den Champagnerfluss ein wenig gedrosselt hat, bietet Los Angeles

Los Angeles

eine florierende Bar-Szene. Der Martini scheint das Lieblingsgetränk der Bewohner von Los Angeles zu sein: Manche Bars bieten über 20 verschiedene Cocktails, die eine Variation eines Martinis sind. Ebenfalls weit verbreitet ist der ursprünglich aus Südamerika stammende Margarita-Cocktail.

Beim Abendessen ist das beliebteste Getränk jedoch nach wie vor kalifornischer Wein. Bei den hervorragenden Weinen aus den Anbaugebieten Napa Valley, Sonoma Valley und Central Coast kann man kaum einen Fehler bei der Auswahl machen. Die kalifornischen Weine können sich heute zweifellos weltweit mit der Qualität der Weine aus den traditionellen Anbaugebieten guter Weine messen. Die häufigsten roten Traubensorten sind Cabernet Sauvignon, Pinot Noir und Zinfandel, bei den Weißweinen dominiert der Chardonnay.

Die meisten Restaurants und Bars haben ebenso eine große Auswahl an heimischen und auch internationalen Bieren; in den englischen Pubs von Santa Monica findet man eine gute Auswahl an Ales und anderen Bieren aus Großbritannien. Auch deutsche Biersorten sind nicht schwer zu finden.

L.A. Laws

Das Frühstück kann man meist zwischen 6.30 bzw. 7 und 11 Uhr einnehmen, in manchen Lokalen auch den ganzen Tag. Das Mittagessen wird etwa von 11.30 bis 14.30 Uhr serviert, das Abendessen von 17.30 bis 22.30 Uhr. Darüber hinaus findet man aber auch zahlreiche Lokale, wo die Küche nach Mitternacht geöffnet ist.

An Personen unter 21 Jahren darf kein Alkohol ausgeschenkt werden, der Zutritt zu Bars und Nachtklubs ist ihnen untersagt; in vielen Lokalen wird man nach einem Ausweis gefragt. Zwischen 2 und 6 Uhr morgens ist der Genuss von Alkohol in der Öffentlichkeit verboten.

REGISTER

Arboretum of Los Angeles County 63
Armand Hammer Museum of Art 38, 42
Avila Adobe 54

Bel Air 38-39
Bergamot Station 45
Beverly Garden Park 36
Beverly Hills 8, 34-35, 37, 80, 84-85, 99-100
Big Bear Lake 76-77, 90, 92
Bolsa Chica Ecological Reserve 74
Bradbury Building 53
Brentwood 38-39
Burton Chase Park 46

California African-American Museum 56
California Museum of Science and Industry 43, 56, 97
California Plaza 43, 51-52, 93
Capitol Records Building 27
Catalina Island 75, 77, 83, 91
Century City 37, 84, 93, 95
Chinatown 54, 82, 100
City Walk 62
Craft and Folk Art Museum 31
Crystal Cathedral 72-73

Descanso Gardens 62-63
Disneyland 15, 20, 69, 78, 87, 96

El Capitan Theatre 25
El Pueblo de Los Angeles 53
Exposition Park 42-43, 56

Geffen Contemporary 55
Gene Autry Western Heritage Museum 43, 60, 95
George C. Page Museum of La Brea Discoveries 29, 43, 97
Getty Center 39, 42
Getty Villa at Malibu 49
Green Center 32
Greystone Park 36
Griffith Park 59, 79, 89, 94, 97

Heritage Museum 43, 60, 95
Hollywood Entertainment Museum 26, 78
Hollywood History Museum 25, 43
Hollywood Walk of Fame 15, 24, 78
Hollywood Wax Museum 26, 73
Huntington Library, Museum, and Botanical Gardens 65, 79

J. Paul Getty Museum 39, 42, 49

Knott's Berry Farm 69, 71, 78, 96
Koreatown 54-55, 83, 100

La Brea Tar Pits 28
Laguna Beach 47, 74, 91
Lake Arrowhead 76-77, 90
Little Tokyo 54, 83, 100

Long Beach 40, 47, 67-69, 76, 82-83, 87-88, 90, 97
Los Angeles County Museum of Art 30, 42
Los Angeles Zoo 60, 97

Malibu 8, 39, 47-49, 88, 90
Mann's Chinese Theater 15, 24, 78, 94
Marina del Rey 40, 46, 83, 88, 90
Melrose Avenue 27, 32, 80
Mission San Fernando Rey de España 62
Mission San Gabriel Arcangel 11, 15, 63
Mission San Juan Capistrano 74, 79, 82
Movieland Wax Museum 72
Museum of Contemporary Art 43, 55
Museum of Flying 45
Museum of Tolerance 37, 43
Natural History Museum 42, 56, 96

Newport Beach 47, 74, 76, 84, 90
Norton Simon Museum 42, 66

Old Town Pasadena 64, 84
Olvera Street 12, 53, 82, 100
Orange County 47, 69, 73, 75, 78, 82, 84, 88, 90, 97
Oviatt Building 52

Pacific Asia Museum 66
Pacific Palisades 46, 87, 89
Palisades Park 41, 89

Palm Springs 77, 88
Palos Verdes 40, 66
Paramount Studios 27, 29, 58
Pasadena 9, 42, 62-65, 79, 82-85, 89, 96
Petersen Automotive Museum 31, 43
Point Vicente Lighthouse 66

Rodeo Drive 36-37, 57, 80-81
Rose Bowl Stadium 64

San Diego 11, 77
San Fernando Valley 15, 19, 58, 61, 84
San Pedro 16, 18-19, 66, 76, 83, 90-91
Santa Barbara 77, 90
Santa Monica Museum of Art 41
Santa Monica Pier 15, 41, 93, 97
Sunset Plaza 34, 57, 81
Sunset Strip 32-34, 95, 99

Third Street Promenade 38, 44, 84, 86, 96-97

Universal Studios 61, 79
University of California at Los Angeles 38

Venice Beach 45, 79, 82, 97

West Hollywood 32, 57, 80, 82, 84, 96, 99
Westwood Village 38, 95
Will Rogers State Historic Park 46, 87, 89

Praktische Hinweise

PRAKTISCHE HINWEISE

A Anreise 106
Ärztliche Hilfe 107
Autofahren 107
Autoverleih 110
B Beschwerden 111
C Camping 111
D Diebstahl/
Verbrechen 112
E Elektrische
Spannung 112
Erdbeben 113
F Feiertage 113
Flughäfen 114
Fremdenführer/
Touren 115
Fremdenverkehrs-
ämter 115
Fundsachen 116
G Geldangelegen-
heiten 116
H Homosexuelle 118
Hotels/
Unterkünfte 118
K Klima/Kleidung 120
Konsulate/
Botschaften 120
M Maße/
Gewichte 121
Medien 121
N Notfälle 122
O Öffentliche
Verkehrsmittel 122
Öffnungszeiten 123
P Polizei 124
Post/Telefon/
Telegramm/Fax 124
R Rauchen 125
Reisende mit
Behinderungen 126
Religion 126
S Sprache 126
Strände 126
T Trinkgeld 127
TV-Shows 127
Z Zeitunterschied 128
Zoll/Paß-
formalitäten 128

Los Angeles

A

ANREISE

Mit dem Flugzeug

Inlandsflüge. Los Angeles ist mit fast allen größeren Städten Nordamerikas durch Direktflüge verbunden. Für die am meisten frequentierten Routen findet man immer wieder sehr günstige Angebote. Wer mehrere Strecken innerhalb der USA fliegt, sollte sich bereits vor der Abreise nach speziellen Angeboten bei den US-Fluggesellschaften erkundigen. Viele haben auch Fly and drive-Kombinationen im Programm.

Internationale Flüge. Sowohl Lufthansa, Austrian Airlines als auch Swissair bieten Flüge nach Los Angeles an. Darüber hinaus gibt es viele nordamerikanische und europäische Fluggesellschaften, die die Stadt am Pazifik mit Europa verbinden. Die Preise sind saisonbedingten Schwankungen unterworfen. Wer zwei bis drei Wochen im Voraus bucht und zwischen 7 Tagen und 6 Monaten bleibt, kann auch besonders preiswerte APEX-Flüge buchen. Es gibt zahlreiche günstige Angebote; erkundigen Sie sich in Ihrem Reisebüro.

Mit der Bahn

Amtrak ist in den USA für die Beförderung von Passagieren bei weiteren Zugstrecken zuständig. Die Züge kommen an der Union Station (800 North Alameda Avenue) an. Sie fahren von hier an der Küste entlang (nach Santa Barbara, Oakland, Seattle und San Diego) sowie in alle größeren Städte der USA (Informationen erhält man unter Tel. 1 800 872 7245).

Mit dem Bus

Die Greyhound-Busse fahren vom Busbahnhof (1716 East 7th Street) in alle größeren Städte des Landes. Informationen gibt es unter Tel. (213) 629 8401.

Mit dem Auto

Das hervorragend ausgebaute Autobahn-Netz verbindet Los Angeles mit allen Teilen der USA.

Praktische Hinweise

ÄRZTLICHE HILFE (siehe auch NOTFÄLLE)

Für eine Reise nach Kalifornien sind keine Impfungen nötig.

Ein Arztbesuch in den USA kann äußerst kostspielig werden. Vor allem ein Krankenhausaufenthalt kann Sie teuer zu stehen kommen; manche Krankenhäuser verweigern sogar eine Behandlung, wenn man keine in den USA gültige Krankenversicherung hat. Besucher aus dem Ausland sollten daher vor der Abreise eine Versicherung für die Dauer der Reise abschließen.

Wenn Sie ärztliche Hilfe brauchen, wenden Sie sich an eines der großen Krankenhäuser: St. John's Hospital and Health Center (1328 22nd Street, Santa Monica; Tel. (310) 829 5511), Cedar-Sinai Medical Center (8700 Beverly Blvd.; Tel. (310) 855 6517), Queen of Angels Hollywood Presbyterian Medical Center (1300 North Vermont Ave.; Tel. (213) 413 3000). Die Notrufnummer lautet landesweit **911**.

Drugstores (Drogerien und Apotheken). Viele *drugstores* – sie sind gleichzeitig Drogerien und Apotheken – sind bis in die späten Abendstunden oder auch durchgehend geöffnet. Manche Medikamente, die in Europa rezeptpflichtig sind, erhält man hier ohne ärztliche Verschreibung – oder umgekehrt. Die Drogerien-Kette Rite Aid hat zahlreiche Filialen in ganz L.A. (Informationen unter Tel. (323) 464 0586).

AUTOFAHREN (siehe auch AUTOVERLEIH)

In L.A. regiert das Auto; um die Stadt ausführlich zu besichtigen, braucht man einen Wagen. Gefahren wird wie in Kontinentaleuropa auf der rechten Straßenseite. Wenn nicht durch ein Schild anders angezeigt *(No turn on red)*, darf man bei roten Ampeln rechts abbiegen, allerdings erst, nachdem man stehen geblieben und den Kreuzungsbereich überblickt hat. Alle Insassen eines Fahrzeuges müssen Sicherheitsgurte tragen; Kinder, die weniger als 40 amerikanische Pfund (18 kg) wiegen, benötigen einen Kindersitz. Die meisten Mietwagenfirmen bieten entsprechende Sitze an.

Los Angeles

Fußgänger haben bei markierten Übergängen Vorrang. Bei Schulbussen ist erhöhte Vorsicht geboten: Wenn der – meist gelbe – Bus an einer Station hält, muss man ebenfalls anhalten; bei zweispurigen Straßen gilt das für *beide* Fahrtrichtungen! Wer bei einer der häufigen Straßenkontrollen alkoholisiert am Steuer erwischt wird, kann festgenommen werden.

Fußgänger. Wer bei einer roten Ampel die Straße überquert, muss möglicherweise mit einer Geldstrafe rechnen.

Straßen. Mehrspurige Straßen mit getrennten Richtungsfahrbahnen heißen hier *freeways*, und L.A. hat ein riesiges Netz solcher Autobahnen. Prinzipiell kommt man auf ihnen schnell vorwärts; während der Stoßzeiten (7 bis 9.30 und 15.30 bis 19 Uhr) sollte man sie jedoch meiden.

Die *freeways* haben oft vier oder mehr Fahrspuren in eine Richtung; manche haben auch sogenannte *car pool lanes* (meist findet man sie ganz links), die man nur dann benützen darf, wenn mindestens zwei Leute im Auto sitzen (andernfalls beträgt die Strafe $300). Sie sind mit einem diamantenförmigen Zeichen markiert.

Studieren Sie vor der jeweiligen Fahrt die Route auf der Karte, da das riesige Netz der *freeways* verwirrend sein kann. Die Straßen haben meistens Nummern und Namen; die Namen ändern sich jedoch je nach Stadtteil und Fahrtrichtung. Im Folgenden finden Sie eine Auswahl der wichtigsten *freeways*.

1	Pacific Coast Highway (PCH)
2	Glendale
5	Golden State/Santa Ana
10	Santa Monica/San Bernardino
22	Garden Grove
57	Orange
60	Pomona
90	Marina
91	Artesia/Riverside
101	Ventura/Hollywood
105	Century Freeway

Praktische Hinweise

110	Pasadena/Harbor
118	Simi Valley-San Fernando Valley
134	Ventura
170	Hollywood
210	Foothill
405	San Diego
605	San Gabriel River
710	Long Beach

Das **California Transportation Department** gibt Auskunft über den Zustand der Straßen (Tel. (213) 628 7623). Unter Tel. (916) 445 1534 wird über die jeweiligen Baustellen – und es gibt viele davon – informiert.

Geschwindigkeitsbeschränkungen. Wenn nicht anders angegeben, beträgt die Ortsgeschwindigkeit 25mph (40 km/h). Die Höchstgeschwindigkeit auf den Stadtautobahnen liegt bei 55 mph (90 km/h), auf den Interstate Highways außerhalb der Stadt bei 65 mph (100 km/h).

Parken. Es gibt zahlreiche Halteverbotsbereiche in L.A. Viele Besucher bekommen mindestens ein Strafmandat, weil sie die Schilder nicht richtig lesen. Versichern Sie sich also vor dem Verlassen des Wagens, dass er legal geparkt ist. Die Stadtverwaltung ist schnell mit dem Abschleppwagen vor Ort ... Eine rote Linie auf dem Randstein bedeutet Halteverbot, an einer grünen Linie kann man 20 Minuten parken, neben einer weißen Linie darf man Passagiere nur ein- und aussteigen lassen. Nehmen Sie für Parkuhren immer ein paar Münzen mit. Die Garagen und Parkplätze mögen zwar teuer sein, sie sind aber immer noch billiger als ein Strafmandat.

Tankstellen. Die meisten Tankstellen *(gas station)* sind auch abends und an Sonntagen geöffnet. Tankstellen mit Bedienung findet man nur noch selten. Wer eine der gängigen Kreditkarten besitzt, kann oft direkt an der Zapfsäule bezahlen. Manchmal muss man auch im Voraus an der Kasse zahlen; sollten Sie weniger getankt haben als bezahlt, bekommen Sie den Restbetrag zurück. Es gibt Benzin mit verschiedenen Ok-

Los Angeles

tanzahlen; für die meisten Mietwagen ist *regular unleaded* (Bleifrei Normal) ausreichend (erkundigen Sie sich bei der Verleihfirma).

Pannen, Unfälle, Versicherung. Erkundigen Sie sich bei Ihrem Automobilklub, ob er zu den Partnerorganisationen der American Automobile Association (AAA) gehört. Die AAA bietet nicht nur Pannenhilfe, sondern z. B. auch Informationen über das Reisen innerhalb der USA Die Telefonnummern der nächstgelegenen Filialen finden Sie im Telefonbuch; die Nummer der Emergency Road Services (Pannenhilfe) lautet 1 800-400 4222 (1 800 955 4833 für Menschen mit Hör- oder Sprachbehinderungen).

Wer auf einem *freeway* eine Panne oder einen Unfall hat, sollte versuchen, an den rechten Fahrbahnrand zu gelangen, wo es in regelmäßigen Abständen Notruftelefone gibt. Steigen Sie an der Beifahrerseite aus. Wenn Ihr Wagen in einer Fahrspur stecken bleibt, schalten Sie den Pannenblinker ein und bleiben Sie angeschnallt im Auto sitzen, bis ein Streifenwagen vorbeikommt. Versuchen Sie auf keinen Fall, ein Notfalltelefon auf der Gegenfahrbahn zu erreichen; jährlich sterben dabei zahlreiche Menschen. Unfälle mit Personen- und/oder Sachschaden müssen sofort der Polizei gemeldet werden. Es ist wichtig, sich die Auto- und Führerscheinnummern aller Beteiligten zu notieren, andernfalls hat man keine Chance auf eventuelle Versicherungsleistungen.

AUTOVERLEIH
(siehe auch Autofahren und Geldangelegenheiten)

Die großen Mietwagenfirmen haben Büros und Garagen auf dem LAX Airport, auf den anderen Flughäfen, in manchen großen Hotels sowie an anderen Stellen in der Stadt.

Die Preise können stark variieren, und es zahlt sich daher aus, die Angebote zu vergleichen. Generell ist es günstiger, einen Wagen bereits vor der Anreise aus dem Ausland zu reservieren oder ein Fly and drive-Arrangement zu buchen. Wenn Sie bereits im Land sind, blättern Sie die *Yellow Pages* (Gelbe Seiten) unter »Automobile Rental« durch. Manche Firmen haben gebührenfreie Telefonnummern (nur innerhalb der USA), wie z. B. Dollar (Tel. 1 800 421

Praktische Hinweise

6868), Hertz (Tel. 1 800 654 3131) oder National (Tel. 1 800 227 7368). Fragen Sie nach günstigen Wochenend- oder Wochentarifen. Manche bieten auch Ermäßigungen, wenn man Mitglied in einem der Partnerklubs des amerikanischen Automobilklubs ist.

Zu den angegebenen Preisen kommen meist noch diverse Versicherungen und Steuern hinzu, die relativ hoch sein können. Erkundigen Sie sich vor der Abreise, ob Schadensfälle durch ihre eigene Kfz-Versicherung oder durch Ihre Kreditkarte auch im Ausland gedeckt sind. Wenn nicht, sollten Sie unbedingt eine Vollkaskoversicherung *(collision damage waiver)* abschließen. Es empfiehlt sich außerdem, einen Mietvertrag mit unbegrenzter Kilometerzahl abzuschließen.

Als Fahrer brauchen Sie abgesehen von einem gültigen Führerschein eine gängige Kreditkarte; bei vielen Firmen beträgt das Mindestalter 21, bei manchen sogar 25. Wenn Ihr Führerschein keine englische Übersetzung beinhaltet, verlangen manche Firmen einen internationalen Führerschein (erkundigen Sie sich wenn möglich vor der Abreise).

B

BESCHWERDEN

Wenn Sie in einem Hotel, Restaurant oder anderem Lokal ein schwerwiegendes Problem haben, verlangen Sie zunächst den Manager. Sollte das nichts nützen, wenden Sie sich an das nächstgelegene Fremdenverkehrsbüro (siehe FREMDENVERKEHRSBÜROS).

C

CAMPING

Wer die wunderschöne Landschaft des südlichen Kaliforniens kennen lernen möchte, sollte einen der nahe gelegenen State oder National Parks besuchen, in denen es auch Campingplätze gibt. Generell wird der Preis pro Platz und pro Wagen berechnet. Auskünfte über die Camping-Möglichkeiten in den Santa Monica Mountains erteilt der **National Park Service** (Tel. (805) 370 2300)

Los Angeles

und der **State Park Service** (Tel. (818) 880 0350). Informationen über die Campingplätze in den National Parks erhält man unter Tel. 1 800 280 2267, über jene in den State Parks unter Tel. 1 800 444 7275. Die Fremdenverkehrsämter in Big Bear Lake, Lake Arrowhead und auf Catalina Island (siehe S.116) informieren über Camping in diesen Gebieten.

D

DIEBSTAHL und VERBRECHEN (siehe auch NOTFÄLLE und POLIZEI)

Wie in allen anderen Großstädten der Welt, geschehen auch in L.A. Verbrechen. Im statistischen Vergleich schneidet L.A. jedoch relativ gut ab. Beachten Sie die üblichen Vorsichtsmaßnahmen: Lassen Sie Bargeld und Wertgegenstände wenn möglich im Hotelsafe, denken Sie an die Möglichkeit von Taschendiebstählen und meiden Sie dunkle Straßen und heruntergekommene Stadtteile. Nachts sollten Sie weder am Strand spazieren gehen noch alleine reisen. Erkundigen Sie sich beim Hotelpersonal, welche Viertel als gefährlich gelten. Autodiebstähle haben zwar in den letzten Jahren zugenommen, betreffen jedoch meist nur die teuersten Modelle. Sollten Sie das Pech haben, überfallen zu werden, versuchen Sie nicht, den Helden zu spielen – das kann mitunter böse ausgehen.

Die Notrufnummer für alle Arten von Notfällen lautet **911**. Für weniger dringende Fälle können Sie sich auch an das Los Angeles Police Department (Tel. (213) 485 3235) wenden.

E

ELEKTRISCHE SPANNUNG

Die elektrische Spannung beträgt in den USA 110 Volt/60 Hertz, und auch die Steckdosen haben ein anderes System. Man braucht also zumindest einen Zwischenstecker. Wer mit Elektrogeräten reist, die sich nicht von selbst an die Spannung anpassen, braucht zusätzlich einen Spannungsadapter.

Praktische Hinweise

ERDBEBEN

Schwere Erdbeben passieren zum Glück selten in L.A. Sollten Sie doch einmal ein Beben spüren, während Sie sich in einem Gebäude aufhalten, suchen Sie wenn möglich Schutz unter einem stabilen Tisch und meiden Sie Fenster und Kamine. Gehen Sie nicht hinaus; Sie könnten von herabfallenden Gebäudeteilen oder Glassplittern getroffen werden. Benützen Sie während eines Bebens weder Aufzüge noch Treppen. Im Freien sollten Sie Bäume, Leitungsdrähte und Mauern meiden. Wenn Sie mit dem Auto unterwegs sind, halten Sie am Straßenrand und warten Sie das Beben ab, jedoch nicht in der Nähe von Brücken, Straßenlaternen oder Leitungsdrähten. Wenn Sie sich ausführlicher für den Ernstfall vorbereiten wollen, studieren Sie das Telefonbuch von L.A., das 4 Seiten Instruktionen bereithält.

F

FEIERTAGE

Wenn gewisse Feiertage (z. B. Weihnachten) auf einen Sonntag fallen, schließen die meisten Banken, Postämter und Geschäfte am darauf folgenden Montag; fallen sie auf einen Samstag, so sind die Institute, Ämter und Geschäfte am Freitag geschlossen.

1. Januar	*New Year's Day*
3. Montag im Januar	*Martin Luther King Jr. Day*
3. Montag im Februar	*President's Day*
Letzter Montag im Mai	*Memorial Day*
4. Juli	*Independence Day*
1. Montag im September	*Labor Day*
2. Montag im Oktober	*Columbus Day*
11. November	*Veteran's Day*
Letzter Donnerstag im November	*Thanksgiving*
25. Dezember	*Christmas*

Los Angeles

FLUGHÄFEN

Der **Los Angeles International Airport (LAX)** ist mit seinen neun Terminals der viertgrößte Flughafen der Welt und wird von mehr als 85 Fluglinien angeflogen. Er liegt in der Nähe der Küste am Freeway 405 und ist 17 Meilen (27 km) vom Zentrum entfernt (Informationen unter Tel. (310) 646 5252).

Travelers Aid betreibt in allen Terminals Informationsstände. Beim Informationsstand im Abflugbereich des Tom Bradley International Terminal gibt es einen Service für fremdsprachige Reisende (24 Stunden geöffnet).

Die Terminals sind durch einen kostenlosen Shuttle-Service miteinander verbunden. Die Busse (Linie A) sind weiß und haben blaue und grüne Streifen. Es gibt Gepäckwagen; vor den Abflughallen warten außerdem Gepäckträger auf Kunden. Taxis und Shuttle-Busse verbinden den LAX Airport und die nachfolgend angeführten Flughäfen mit der Stadt.

Vom **Burbank Airport** werden nur Inlandsflüge abgefertigt. Er liegt 12 Meilen (20 km) vom Zentrum entfernt und ist wesentlich weniger überfüllt als der LAX Airport. Wer aus einer anderen U.S.-Stadt anreist und in einem Hotel in Downtown L.A., Hollywood, Beverly Hills oder in den Valleys absteigt, für den ist Burbank eine gute Alternative zum Chaos von LAX. Der einzige Nachteil ist die schlechtere verkehrsmäßige Anbindung an die Stadt (es sei denn, Sie mieten einen Wagen). Informationen über den Flughafen gibt es unter Tel. (818) 840 8830 oder unter http://www.bur.com.

Der **John Wayne (Orange County) Airport** (Tel. (949) 252 5200), 15 Meilen (25 km) von Anaheim entfernt, ist der Regionalflughafen des Orange County. Er wird von einigen der größten U.S.-Fluggesellschaften angeflogen. Der **Long Beach Airport** (Tel. (562) 570 2600) ist der kleinste Flughafen der Region.

Praktische Hinweise

FREMDENFÜHRER und TOUREN
(siehe auch FREMDENVERKEHRSÄMTER)

Das Los Angeles Convention and Visitors Bureau gibt den Führer *Destination Los Angeles* heraus, in dem zahlreiche Reisebüros und Agenturen verzeichnet sind. Zu den renommiertesten gehören Starline Tours (Tel. (323) 463 3333), die Besucher zu den Häusern berühmter Persönlichkeiten führen. Grave Line Tours (Tel. (323) 469 4149) hat sich vor allem auf die Gräber von Berühmtheiten spezialisiert. L.A. Nighthawks (Tel. (310) 392 1500) organisiert Touren durch Bars und andere Stätten des nächtlichen L.A. Die Los Angeles Conservancy (Tel. (213) 623 2489) organisiert besonders interessante Stadtrundgänge durch Downtown L.A. In den Fremdenverkehrsämtern findet man Informationen über Stadtrundgänge und -fahrten durch andere Stadtviertel.

FREMDENVERKEHRSÄMTER

Wer sich vor der Abreise über Los Angeles informieren möchte, kann sich an das Los Angeles Convention and Visitors Bureau (633 West 5th Street, Suite 600, Los Angeles, CA 90071; Tel. 1 800 228 2452) wenden. Das Büro gibt einen Stadtführer namens *Destination Los Angeles* heraus.

Bei der **Visitor Events Hotline** (Tel. (213) 689 8822) erhält man Informationen in deutscher Sprache über aktuelle Veranstaltungen. Die **Visitors' Information Hotline** (Tel. 1 800 228 2452) gibt Auskunft über Hotels und Attraktionen.

Visitor Information Centers. Die meisten Information Centers senden Ihnen auf Wunsch gerne Informationsmaterial zu. Bei den Filialen in Downtown und in Hollywood gibt es mehrsprachiges Personal.

Downtown Los Angeles Visitor Information Center, 685 South Figueroa Street (zwischen Wilshire Blvd. und 7th Street), Los Angeles, CA 90017; Tel. (213) 689 8822. Mo-Sa 8-17 Uhr.

Hollywood Visitor Information Center, The Janes House, Janes Square, 6541 Hollywood Blvd., Hollywood, CA 90028; Tel. (213) 689 8822. Mo-Sa 9-12 und 13-17 Uhr.

Los Angeles

Anaheim/Orange County Visitor and Convention Bureau, 800 West Katella Avenue, Anaheim, CA 92802; Tel. (714) 999 8999, Fax (714) 765 8864.

Catalina Island Visitor's Bureau, P.O. Box 217, Avalon, CA 90704; Tel. (310) 510 1520.

Lake Arrowhead Communities Chamber of Commerce, P.O. Box 219, Lake Arrowhead, CA 92352; Tel. (909) 336 1547.

Long Beach Area Convention and Visitors Council, 1 World Trade Center, Suite 300, Long Beach, CA 90831-0300; Tel. (562) 436 3645, Fax (562) 435 5653.

Palm Spring Desert Resorts Convention and Visitors Bureau, The Atrium Design Center, 69-930 Highway 111, Suite 201, Rancho Mirage, CA 92270; Tel. (760) 770 9000, Fax (760) 770 9001.

FUNDSACHEN

Auf Flughäfen, Bahnhöfen, in Kaufhäusern und in den großen Vergnügungsparks gibt es *lost and found* (Fundbüros). Wenn Sie Wertgegenstände verlieren, sollten Sie die Polizei informieren (siehe POLIZEI); beim Verlust Ihres Reisepasses wenden Sie sich an das Konsulat Ihres Heimatlandes (siehe KONSULATE und BOTSCHAFTEN).

GELDANGELEGENHEITEN

Währung. Der Dollar ($) wird in 100 cents (¢) unterteilt.

Es gibt *Banknoten* zu $1, 2 (selten), 5, 10, 20, 50 und 100. Größere Geldscheine sind nicht im Umlauf. Alle Banknoten haben die gleiche Größe und sind grün; prüfen Sie vor dem Zahlen genau, welche Note Sie verwenden.

Münzen gibt es zu 1¢ (*penny*), 5 (*nickel*), 10 (*dime*), 25 (*quarter*), 50 (*half dollar*) und $1.

Banken und Wechselstuben. Die meisten Banken sind Montag bis Freitag (oder Samstag) von 9 bis 18 Uhr geöffnet. American Express Travel Service hat Filialen in der ganzen Stadt. Die meisten sind an Wochentagen von 9 bis 18 Uhr geöffnet, manche auch an Samstagen.

Praktische Hinweise

Die größte Filiale in Downtown befindet sich im Hilton Center (901 West 7th Street; Tel. (213) 627 4800).

Kreditkarten. Gängige Kreditkarten werden von den meisten Hotels, Restaurants und Geschäften akzeptiert. In manchen Geschäften wird man beim Einkauf nach einem *photo ID* (Lichtbildausweis) gefragt.

Reisechecks. Banken, Restaurants, Hotels und sogar Tankstellen akzeptieren meist auf U.S.-Dollar ausgestellte Travellerschecks. Wenn das ausstellende Kreditinstitut in den USA wenig bekannt ist, muss man unter Umständen seinen Reisepass oder einen anderen Ausweis vorlegen. Wenn die Schecks auf eine andere Währung ausgestellt sind, kann man sie nur in Banken einlösen.

Überweisungen (money transfers). Wenn Sie herausfinden wollen, wo Sie eine Überweisung vornehmen können, rufen Sie Western Union an (Tel. 1 800 325 6000). Bei Überweisungen mittels Kreditkarte rufen Sie Tel. 1 800 225 5227.

Mit soviel müssen Sie rechnen

Die angegebenen Preise sind selbstverständlich nur Richtwerte, da sie sich inflationsbedingt ändern und auch innerhalb der Region variieren.

Autoverleih. Die Preise ändern sich je nach Saison und sind von Firma zu Firma verschieden. Der Durchschnittspreis liegt bei etwa $35-45 pro Tag (Steuern und Versicherung inklusive, unbeschränkte Kilometeranzahl). Wer einen Wagen für eine Woche oder länger mietet, zahlt wesentlich weniger pro Tag.

Babysitter. Ab $5/Stunde (mehr bei mehr als einem Kind) plus Taxi.

Bus und U-Bahn. $1,35 Basispreis, 25¢ fürs Umsteigen *(transfer)*, zusätzlich 40¢-$1 für Busse, die die *freeways* benützen, $21 für ein 14 Tage-Ticket.

Fahrradverleih. $5-7/Stunde, $20-25/Tag.

Flughafentransport. Taxi nach Downtown L.A. $27, Shuttle-Bus $12.

Führungen. Halbtagstouren ab $10.

Los Angeles

Hotels (Preis pro Nacht für Doppelbelegung, exklusive 14% Steuer). Teuer: ab $180; moderat: $105-180; preiswert: $60-105.

Mahlzeiten und Getränke. Frühstück $4-15, Mittagessen $5-20, Abendessen $8-20 und mehr, Bier $3.50, Cocktails $3.50-9, Wein $3.50-8/Glas, alkoholfreies Getränk $1-2, Kaffee $1-2.

Museen. Erwachsene $4-8, Kinder und Senioren $2-4.

Parkplätze. $2-6/Stunde; bei vielen gibt es ein Maximum von $5-6; Garagen in Downtown $12 bis 20/Tag.

Mehrwertsteuer. (Sales tax). Bei den meisten Waren und Restaurantrechnungen werden 8,25% zum Rechnungsbetrag hinzugefügt.

Taxi. Grundgebühr $1.90 plus $1.60/Meile.

Unterhaltung. Kino $8, Konzerte/Tanz $20-60, Theater $20-65, Nachtklubs $6-12.

Vergnügungsparks. Erwachsene $35-36/Tag, Kinder $25-33.

Wäscherei und Reinigung. $11,50 für Anzüge, $8,50 für Kleider, $2,50-6 für Blusen/Hemden.

HOMOSEXUELLE

West Hollywood ist das Zentrum des schwulen und lesbischen Lebens in L.A. Im A Different Light Bookstore (8853 Santa Monica Blvd; Tel. (310) 854 6601) gibt es regelmäßig Lesungen, Ausstellungen und andere Veranstaltungen. Darüber hinaus bekommt man hier einschlägige Zeitungen und Zeitschriften sowie Informationen über die lokale Szene.

HOTELS und UNTERKÜNFTE (siehe auch CAMPING)

Ähnlich wie viele Restaurants, versuchen auch die meisten Hotels, sich durch ganz besondere Merkmale von der Konkurrenz zu unterscheiden. Manche, wie etwa das Bel Air, das Four Seasons oder das

Praktische Hinweise

Regent Beverly Wilshire, stellen sich selbst gern als die Rolls Royce unter den Hotels dar. Andere, wie die Beverly Laurel Motor Lodge, sind mehr mit einem VW-Käfer zu vergleichen – sie sind verlässlich, nett und eignen sich für den preisbewussten Reisenden. Die Hotels in Strandnähe gleichen, um in der Autowelt zu bleiben, am ehesten einem Ford Mustang Cabrio. Und natürlich findet man auch alle Kategorien dazwischen.

Viele teuren Hotels locken speziell im Winter die Gäste mit Sonderangeboten. Es empfiehlt sich, möglichst lang im Voraus zu buchen. Innerhalb der USA kann man dabei meist die gebührenfreien 800- oder 888-Nummern benützen.

Zu den angegebenen Zimmerpreisen wird eine Steuer von 14% hinzu gerechnet. Die Park- und Telefongebühren des Hotels können Ihre Geldbörse unter Umständen empfindlich belasten. Es empfiehlt sich daher, Ferngespräche nicht vom Hotelzimmer aus zu führen (siehe auch POST, TELEFON und TELEGRAMM). Die Parkgebühren (vor allem in den besseren Hotels) liegen meist zwischen $6-21/Nacht; der Angestellte, der Ihnen das Auto bringt, sollte jedes Mal mit einem Trinkgeld von $1-2 belohnt werden.

Bei längeren Aufenthalten (oft ein Monat Minimum) ist ein Appartement eine kostengünstige und angenehme Alternative. Oakwood Apartments (1 800 888 0808) bietet Appartements in verschiedenen Stadtteilen an. In den *Yellow Pages* findet man unter »Apartments« weitere Agenturen.

Das Los Angeles Convention and Visitors Bureau gibt eine Hotelliste *(lodging guide)* heraus, in der eine Vielzahl von Hotels, Motels, Gästehäusern und Appartements in und um L.A. verzeichnet ist.

In Los Angeles County gibt es mehrere Jugendherbergen *(youth hostel)*. Banana Bungalow (2775 Cahuenga Blvd., Hollywood, CA 90068; Tel. (323) 851 1129) ist zentral gelegen und bietet einen kostenlosen Shuttle-Service zu verschiedenen Sehenswürdigkeiten. Das Hostel California (2221 Lincoln Blvd., Venice, CA 90291; Tel. (310) 305 0250) liegt in der Nähe von Venice Beach. Hosteling International Los Angeles (1436 2nd Street, Santa Monica, CA 90401; Tel. (310) 393 9913), die größte Jugendherberge an der Küste, liegt im Zentrum des Geschehens von Santa Monicas Strandszene.

Los Angeles

KLIMA und KLEIDUNG

Klima. Los Angeles genießt ein mildes Klima mit relativ niedriger Luftfeuchtigkeit. Die durchschnittlichen Höchsttemperaturen liegen von Juni bis Oktober bei 80° Fahrenheit (26°C), von November bis Mai bei 69°F (20°C). Die Regenzeit dauert von November bis März, die Niederschläge sind jedoch nicht besonders stark und werden immer wieder von sonnigen Perioden unterbrochen. Im Landesinneren kann die Sommerhitze drückend sein, in Strandnähe wird sie meist von einer kühlenden Brise gemildert. In der folgenden Tabelle finden Sie die monatlichen Durchschnittstemperaturen.

	J	F	M	A	M	J	J	A	S	O	N	D
Max °C	18	19	21	22	23	25	28	28	28	25	23	20
Min °C	7	9	10	12	13	15	17	17	16	14	11	9

Kleidung. Die ungezwungene und legere Kleidung ist ein Teil des kalifornischen Lebensstils. Wer jedoch die Nachtklub-Szene Hollywoods erforschen oder beim Einkaufen in Beverly Hills wie ein Einheimischer aussehen möchte, sollte sich lieber etwas eleganter kleiden. Für Besichtigungs- und Einkaufstouren reichen Shorts, Jeans oder lose sitzende Kleider, T-Shirts und Sandalen oder andere leichte Schuhe. Im Januar und Februar sollte man sich für den Regen rüsten. Bei manchen vornehmen Restaurants brauchen Männer Jackett und Krawatte, Damen ein elegantes Kleid. Sie sollten auf jeden Fall eine leichte Jacke oder einen Pullover mitbringen, da die Nächte im südlichen Kalifornien selbst im Sommer kühl sein können. Bequeme Schuhe sind ein Muss für Besichtigungstouren.

KONSULATE und BOTSCHAFTEN

Alle Botschaften befinden sich in Washington, D.C., doch die meisten Länder unterhalten auch Konsulate in Los Angeles.

Deutschland	6222 Wilshire Blvd., Suite 500; LA, CA 90025 Tel.: (323) 930 2703; Fax: (323) 930 2805.

Praktische Hinweise

Österreich 11859 Wilshire Blvd., Suite 501, LA, CA 90025
Tel.: (310) 444 9310; Fax: (310) 477 9897.

Schweiz 11766 Wilshire Blvd., Suite 1400, LA, CA 90025
Tel.: (310) 575 1145; Fax: (310) 575 1982.

MASSE und GEWICHTE

Obwohl seit Jahren versucht wird, die USA auf das metrische System umzustellen, wird nach wie vor in Meilen, Fuß, Gallonen und Fahrenheit gerechnet.

Längenmaße

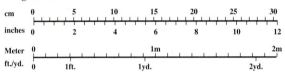

Gewichte

Gramm	0	100	200	300	400	500	600	700	800	900	1kg
Unzen	0	4	8		12	1lb	20	24	28		2lb

Temperaturen

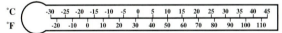

MEDIEN

Radio und Fernsehen. Fast alle Hotelzimmer sind mit TV-Geräten ausgestattet, manche auch mit Radio. Die meisten Fernsehsender bieten rund um die Uhr Programm. Die USA-weit ausgestrahlten Privatsender findet man auf den Kanälen 2 (CBS), 4 (NBC), 7 (ABC) und 11 (FOX). Die lokalen Stationen belegen die Kanäle 5, 9 und 13, auf Kanal 28 empfängt man einen öffentlichen Fernseh-

Los Angeles

sender. Viele Hotels bieten zusätzlich eine große Anzahl kostenloser Kabelsender (z. B. CNN) sowie *Pay per view*-Filme an.

Zeitungen und Magazine. Die *Los Angeles Times* ist die wichtigste Tageszeitung der Stadt. Im *Calendar*-Teil findet man zahlreiche Veranstaltungshinweise; die Freitags- und die Sonntagsausgaben sind besonders umfangreich. Das Monatsmagazin *Los Angeles Magazine* bietet interessante Artikel über das Leben in L.A. sowie ausgezeichnete Veranstaltungshinweise und Restaurantkritiken. Das *L.A. Weekly*, ein kostenloses Wochenmagazin, informiert über eine Vielzahl an Veranstaltungen. Auch die *Downtown News* und *WHERE Los Angeles* (zur freien Entnahme an vielen Hotelrezeptionen) bieten interessante Informationen. Ausländische Tageszeitungen und Magazine erhält man an den größeren Zeitungskiosken sowie bei Book Soup (8818 Sunset Blvd.; Tel. (310) 659 3110).

N

NOTFÄLLE (siehe auch Ärztliche Hilfe und Polizei)

Die Notrufnummer für alle Arten von Notfällen lautet **911**. Bei Telefonzellen benötigt man für diese Nummer keine Münzen. Bei der Vermittlung müssen Sie angeben, ob Sie die Polizei *(police)*, die Ambulanz *(ambulance)* oder die Feuerwehr *(fire department)* benötigen.

O

ÖFFENTLICHE VERKEHRSMITTEL

Obwohl L.A. ein dichtes Busnetz hat, empfiehlt sich auf Grund der großen Distanzen zur Besichtigung ein Auto. Für kurze Strecken sowie für Reisende mit kleinerem Budget sind die öffentlichen Verkehrsmittel jedoch durchaus benutzbar.

Busse. Die meisten Strecken in L.A. werden vom Southern California Rapid Transit District betrieben. Informationen über die Busse des RTD gibt es unter Tel. (213) 626 4455. Der Fahrpreis beträgt $1,35; wer umsteigt, zahlt 25¢ für einen *transfer*. Man

Praktische Hinweise

benötigt das exakte Fahrgeld, da die Fahrer kein Wechselgeld herausgeben. Darüber hinaus gibt es 14-Tage- und Monatskarten.

Die Busse von DASH (Tel. (562) 920 9701) verbinden die wichtigsten Sehenswürdigkeiten und andere Gebiete von Downtown miteinander; der Fahrpreis beträgt 25¢. Auch in Hollywood, West-Hollywood und anderen Stadtteilen gibt es DASH-Busse. Die Busstrecken von Long Beach werden von Runabout betrieben.

Bahn. Los Angeles errichtet zur Zeit ein neues Bahnnetz, das Downtown mit den weiter entfernten Stadtteilen verbinden soll. Die Metro Blue Line verläuft zwischen Downtown und Long Beach, die Red Line verbindet die Union Station mit Wilshire und Western. Der Fahrpreis liegt bei $1,35. Informationen gibt es unter Tel. (213) 626 4455.

Taxis. Taxistandplätze findet man an den Flughäfen, vor Bahnhöfen, Busstationen und großen Hotels. Darüber hinaus kann man Taxis auf der Straße anhalten (eher selten) oder per Telefon bestellen.

Fähren. Mehrere Fähren verbinden Catalina Island mit dem Festland. Der Catalina Flyer (Tel. (949) 673 5245) verbindet einmal täglich die Insel mit Newport Beach. Die Hin- und Rückfahrt kostet für Erwachsene $36, für Kinder von 3-12 Jahren $20, für Kinder unter 3 Jahren $2. Catalina Express (Tel. 1 800 360 1212) betreibt mehrere Fähren täglich von San Pedro und Long Beach. Der Fahrpreis (hin und zurück) beträgt für Erwachsene $36, für Senioren (über 55) $32,50, für Kinder von 2 bis 12 Jahren $27, für Kinder unter 2 Jahren $2.

ÖFFNUNGSZEITEN

Geschäfte. Kaufhäuser und Einkaufszentren sind üblicherweise an Werktagen von 10-21 Uhr, samstags von 10-18 oder 19 Uhr und sonntags von 11-17 oder 18 Uhr geöffnet. Einzelhandelsgeschäfte halten meist montags bis samstags von 9 oder 10-17.30 oder 18 Uhr offen. Die Geschäfte in belebten Einkaufsstraßen (z. B. Melrose Avenue oder Third Street Promenade in Santa Monica) bleiben oft bis 23 Uhr geöffnet. Manche Lebensmittelläden sind 24 Stunden geöffnet.

Los Angeles

Museen. Sie sind meist von 10 bis 17 Uhr geöffnet, viele haben jedoch mindestens einmal pro Woche abends länger offen. Montags bleiben die meisten Museen geschlossen (siehe S.42).

Banken. Die Öffnungszeiten sind unterschiedlich, liegen jedoch an Werktagen in den meisten Fällen zwischen 9 und 18 Uhr; manche Banken sind auch an Samstagen geöffnet.

Postämter. Die meisten Postämter sind Montag bis Freitag von 8.30 oder 9 bis 17 Uhr geöffnet, manche öffnen auch Samstag vormittags.

POLIZEI (siehe auch NOTFÄLLE sowie DIEBSTAHL und VERBRECHEN)

Die Polizisten tragen dunkelblaue Uniformen und sind üblicherweise per Auto, Motorrad oder Fahrrad unterwegs. Bei einem Notfall wählen Sie die Nummer **911**. In weniger dringenden Fällen erreichen Sie die Los Angeles Police Commission unter Tel. (213) 485 3235. Außerhalb von L.A. ist die California Highway Patrol mit braunen Uniformen und Ranger-Hüten unterwegs.

POST, TELEFON, TELEGRAMM und FAX

Post. Der US Postal Service ist nur für die Briefpost zuständig. Fragen Sie an der Hotelrezeption nach dem nächstgelegenen Postamt. Die meisten Postämter sind montags bis freitags von 9 bis 17 Uhr geöffnet, manche auch an Samstagen von 9.30 bis 15.30 Uhr. Briefmarken bekommt man meist in Drogerien und Zeitschriftenläden sowie an der Hotelrezeption, wo man auch Briefe aufgeben kann. Weitere Auskünfte erteilt die Postal Answer Line (Tel. 1 888 275 8777).

Telefon. Das amerikanische Telefonsystem wird von verschiedenen Privatfirmen betrieben. Telefonzellen findet man nicht nur auf der Straße, sondern z. B. auch in Hotellobbies, Drogerien, Bars, Restaurants und an Tankstellen. Die telefonische Auskunft erreicht man unter Tel. 411.

Praktische Hinweise

Die Hotels berechnen meist sehr hohe Zuschläge zu den Telefongebühren. Für Auslandsgespräche empfiehlt sich daher der Kauf einer Telefonkarte *(prepaid phonecard)*, die man meist zu Beträgen von $5, 10 oder 20 in Drogerien, Lebensmittelläden und anderen Geschäften erwerben kann. Man kann sie an jeder Telefonzelle (und an jedem anderen Telefon) verwenden, indem man sich mittels der auf der Karte angegebenen Nummern in das System einwählt. Erkundigen Sie sich außerdem vor der Abreise bei Ihrer Telefongesellschaft, ob sie Wertkarten für das Ausland anbietet. Bedenken Sie, dass das Telefonieren nach 17 Uhr und an Wochenenden billiger ist.

Der Großraum Los Angeles hat vier Kennzahlen *(area codes)*. Die Vorwahl für Beverly Hills, Santa Monica, den Los Angeles International Airport und die Westside lautet **310**, für Downtown L.A. **213**, für Hollywood und Umgebung **323**, für Long Beach **562**. Andere Vorwahlen sind **818** (San Fernando Valley), **626** (San Gabriel Valley und Umgebung), **714** und **949** (Orange County) sowie **909** (Riverside und San Bernardino County).

Wenn man von einem *area code* in den anderen anruft, muss man vor der Kennzahl und der Teilnehmernummer immer eine 1 wählen. Wer nach Europa telefonieren möchte, wählt 011 plus die jeweilige Landeskennzahl (Deutschland 49, Österreich 43, Schweiz 41), gefolgt von der regionalen Vorwahl (ohne 0) und der Teilnehmernummer.

Die gebührenfreien Nummern, die mit 800 oder 888 beginnen, gelten leider nur innerhalb der USA

Fax/Telegramm. In den großen Hotels kann man meist Faxe versenden und empfangen; erkundigen Sie sich an der Rezeption. Auch Copyshops und Telekommunikationsbüros *(telegraph companies)* wie z. B. Western Union oder Telex bieten diesen Service gegen eine Gebühr an.

R

RAUCHEN

Seit einigen Jahren herrscht in allen Restaurants und Bars der Stadt Rauchverbot. Manche In-Lokale ignorieren allerdings dieses Verbot.

Los Angeles

Die Gesetze in den umliegenden Gemeinden sind unterschiedlich, es gibt jedoch in allen Restaurants Nichtraucher-Bereiche. An den meisten öffentlichen Orten (z. B. Museen, Kinos, öffentliche Verkehrsmittel, Aufzüge) sowie in vielen Geschäften und Büros ist das Rauchen verboten.

REISENDE mit BEHINDERUNGEN

In der Hotelliste des Los Angeles Convention and Visitors Bureau (siehe FREMDENVERKEHRSÄMTER) wird auf die behindertengerechte Ausstattung der einzelnen Hotels hingewiesen.

Alle Busse des Southern California Rapid Transit District sind mit Aufzügen für Rollstühle ausgestattet, die jedoch nicht immer funktionieren. Informationen über den Fahrplan und den Zustand der Aufzüge erhält man unter Tel. (213) 626 4455. Die Los Angeles County Commission on Disabilities (Tel. 1 800 2666 883) gibt eine Broschüre heraus, in der vom Standpunkt der Behinderten über den öffentlichen Verkehr, über Freizeitgestaltung und andere Themen berichtet wird.

RELIGION

Es gibt wohl kaum eine Religionsgemeinschaft, die nicht in L.A. vertreten wäre. Sie können beispielsweise die Set Free Ministries, eine *bikers' church* (hier gibt es Rap und Rock zum Gottesdienst) oder die Crystal Cathedral in Orange County besuchen, wo ein Drive in-Gottesdienst angeboten wird. Erkundigen Sie sich an der Hotelrezeption.

S

SPRACHE

Auf Grund der großen lateinamerikanischen Bevölkerung wird in L.A. und Umgebung sehr viel Spanisch gesprochen. Darüber hinaus hört man auch zahlreiche asiatische Sprachen.

STRÄNDE

Der Zutritt zu den öffentlichen Stränden ist kostenlos; meist zahlt man jedoch für den Parkplatz zwischen $5 und 10. Das Mitnehmen

Praktische Hinweise

von Haustieren, der Genuss von Alkohol und das Hantieren mit offenem Feuer sind verboten.

Die Strände werden das ganze Jahr über von Rettungsschwimmern überwacht. Bleiben Sie wenn möglich immer in der Nähe eines Rettungsschwimmers und achten Sie auf eventuelle Warnzeichen (Sturmwarnung, Warnung bei hohem Verschmutzungsgrad).

Obwohl die Wasserverschmutzung noch keine bedrohlichen Ausmaße angenommen hat, haben viele Angelenos Berichte über die Verschmutzung der Santa Monica Bay zum Anlass genommen, weiter im Süden oder im Norden schwimmen zu gehen. Obgleich viel gegen die Umweltbelastung unternommen wurde, fließt zwischen Malibu und Redondo Beach immer noch ungeklärtes Wasser ins Meer. Nach starken Regenfällen sollten Sie das Meer meiden. Manchmal bleiben die Strände auch für ein oder zwei Tage offiziell geschlossen.

Das Marina del Rey Visitor's Information Center/Los Angeles County Beaches and Harbors Information Center (Tel. (310) 305 9545) erteilt Auskunft über die Strände und gibt Kartenmaterial und verschiedene Informationsbroschüren heraus.

T

TRINKGELD

Im Restaurant sollte man etwa 15% Trinkgeld (wenn die Bedienung besonders gut war auch 20%) auf dem Tisch lassen. Platzanweiser im Kino oder Theater erwarten kein Trinkgeld, Portiere und Garderobiere sollte man mit etwa $1 belohnen. Der Angestellte einer Parkgarage, der Ihnen das Auto bringt, sollte ebenfalls etwa $1-2 bekommen.

Gepäckträger	*$1-2/Gepäckstück*
Zimmermädchen	*$1/Tag oder $5-10/Woche*
Taxifahrer	*ca. 15%*
Fremdenführer	*10-15%*

TV-SHOWS

Wer bei der Aufzeichnung einer TV-Show dabei sein möchte, sollte unter Angabe der jeweiligen Show und des gewünschten Datums an

Los Angeles

das Studio schreiben (frankiertes Rückkuvert beilegen) oder telefonisch anfragen. Manchmal kann man auch noch am Tag der Show direkt beim Studio Karten erwerben, wobei der Andrang oft sehr groß ist (maximal zwei Karten pro Person).

Informationen erhält man bei Audiences Unlimited (100 Universal City Plaza, Bldg. 153, Universal City, CA 91608; Tel. (818) 506 0067) oder bei Television Tickets (Tel. (323) 467 4697). Kostenlose Karten für TV-Shows erhält man auch bei Mann's Chinese Theater.

Z

ZEITUNTERSCHIED

Die USA ist in vier Zeitzonen unterteilt. Los Angeles liegt in der *Pacific Time Zone* (MEZ minus 9 Stunden). Wenn also die Uhren in Mitteleuropa auf 12 Uhr mittags stehen, ist es in L.A. erst 3 Uhr morgens. Die Sommerzeit dauert vom ersten Sonntag im April bis zum letzten Sonntag im Oktober.

ZOLL und PASSFORMALITÄTEN

Wer als Tourist oder Geschäftsreisender nicht länger als 90 Tage in den USA zu bleiben beabsichtigt, braucht zur Einreise kein Visum. Ein gültiger Reisepass und ein Rückflugticket sind ausreichend. Visumsanträge für längere Aufenthalte sind bei Reisebüros, Fluggesellschaften sowie amerikanischen Konsulaten zu erhalten.

Im Folgenden sind Waren aufgeführt, die Sie zollfrei in die USA bzw. in Ihr Heimatland einführen können (Mindestalter 21 Jahre).

Nach:	Zigaretten		Zigarren		Tabak	Spirituosen		Wein
USA	200	oder	50	oder	1350g	1 *l*	oder	1 *l*
BRD	200	oder	50	oder	250g	1 *l*	und	1 *l*
Österreich	200	oder	50	oder	250g	1 *l*	und	2 *l*
Schweiz	200	oder	50	oder	250g	1 *l*	und	2 *l*

Bei der Einreise in die USA darf man Geschenke im Wert von bis zu $100 zoll- und steuerfrei mitbringen. Wer mehr als $10 000 ein- oder ausführt, muss den Betrag deklarieren. Die Einfuhr von Fleisch- oder Fischprodukten, Obst, Gemüse sowie Pflanzen ist verboten.

Hotels

Die folgenden Hotels sind alphabetisch, jeweils nach Region innerhalb von Los Angeles und Orange County, und in drei Preiskategorien aufgelistet. Alle Hotelzimmer sind von hohem Standard mit privatem Badezimmer, Klimaanlage, Fernseher und Telefon ausgestattet, die meisten haben auch Doppelbetten. Gewöhnlich ist das Frühstück in den US-Hotels nicht im Preis enthalten, außer in einigen Budget-Hotels, wo der Zimmerpreis manchmal ein kleines Frühstück einschließt.

Um direkte Reservierungen machen zu können, wurden auch die Adressen, Telefon- und Faxnummern angegeben. Check-out ist gewöhnlich bis 13 Uhr, Check-in ab 14 oder 15 Uhr. Fast alle Hotels akzeptieren die gängigen Kreditkarten.

Der Zimmerpreis kann je nach Jahreszeit und Beliebtheit sehr unterschiedlich sein. Viele Hotels bieten Sonderpreise für Wochenenden, Geschäftsreisende usw. an. Erkundigen Sie sich bei der Buchung nach eventuellen Vergünstigungen.

✿✿✿	$200 und höher
✿✿	$100–$200
✿	unter $100

Hollywood

Best Western Hollywood Hills Hotel ✿-✿✿ *6141 Franklin Avenue, Hollywood 93560; Tel. (323) 464 5181, 1-800-287-1700 (U.S.A. kostenlos); Fax (323) 962-0536.* Familienfreundliches und festliches Hotel mit Hollywood-Thema. Im neueren Gebäude befindet sich ein Swimmingpool im Innenhof, im älteren sind die Zimmer größer, viele mit Einbauküche. Münzwäscherei und beliebtes Café. 86 Zimmer.

Los Angeles

Hollywood Roosevelt Hotel ✹✹ *7000 Hollywood Boulevard, Hollywood 90028; Tel. (323) 466-7000, 1-800-950-7667 (U.S.A. kostenlos); Fax (323) 462-8056.* Historisches Hotel mit klassisch-spanischem Dekor und Filmstar-Memorabilia. Innenhof, Whirlpool, Swimmingpool, Restaurant, Cocktail-Lounge und Jazzclub. 263 Zimmer und 70 Suiten.

Mid-Wilshire

Beverly Laurel Motor Hotel ✹ *8018 Beverly Boulevard, Los Angeles 90048; Tel. (323) 651-2441; Fax (323) 651-5225.* Einfache Zimmer im Motel-Stil, aber mit netten Farbakzenten, Art déco-Möbeln und Swimmingpool im Innenhof. Das Restaurant im Diner-Stil ist bis spät geöffnet. 52 Zimmer.

Hotel Nikko at Beverly Hills ✹✹✹ *465 South La Cienega Boulevard, Los Angeles 90048; Tel. (310) 247-0400, 1-800-NIKKO-BH (U.S.A. kostenlos); Fax (310) 246-2165.* Luxushotel hauptsächlich auf Geschäftsreisende ausgerichtet. Die Zimmer in japanischem Dekor sind auch mit Fax, CD-Spieler und Handy ausgestattet. Restaurant, Lounge, Fitnessclub, Sauna, Swimmingpool, Japanischer Garten. 297 Zimmer, 9 sensationelle Suiten.

West Hollywood

The Argyle ✹✹✹ *8358 Sunset Boulevard, Los Angeles 90069; Tel. (323) 654-7100, 1-800-225-2637 (U.S.A. kostenlos); Fax (323) 654-9287.* Historisches Luxushotel, eingerichtet mit schönen Art déco-Möbeln. Vom Swimmingpool und der Terrasse hat man einen hervorragenden Blick auf die Stadt. Fitnesscenter, Sauna, Bibliothek, Restaurant, Bar und Lounge. Die meisten Zimmer haben Gondelbetten und exquisite Badezimmer. 42 Zimmer und 22 Geschäfts-Suiten.

Hotels

Mondrian Hotel ❀❀ *8440 Sunset Boulevard, West Hollywood CA 90069; Tel. (323) 650-8999, 1-800-525 8029 (U.S.A. kostenlos); Fax (323) 650-5215.* Dieses bei Stars und Sternchen beliebte Hotel am Sunset Strip ist für Hollywood-Schwärmer das Richtige. Die Zimmer sind mit minimalistischem Chic eingerichtet, viele haben Einbauküche. Die SkyBar im Freien ist sehr beliebt. 53 Zimmer, 230 Suiten.

The Standard ❀-❀❀ *300 Sunset Boulevard, West Hollywood 90069; Tel. (323) 650-9090; Fax (323) 650-2820.* Bei Besuchern mit mittlerem Budget ist dieses Hotel am Strip ausgesprochen beliebt. Swimmingpool, Fitnessraum, Terrasse mit Blick, Diner-Restaurant und Bar. 138 Zimmer, 2 Suiten.

Beverly Hills

Four Seasons at Beverly Hills ❀❀❀ *300 South Doheny Drive, Beverly Hills 90048; Tel. (310) 273-2222, 1-800-332-3442 (U.S.A. kostenlos); Fax (310) 859-9048.* In diesem edlen Luxushotel ist der Service hervorragend. Die Zimmer sind auf persönliche Vorlieben zugeschnitten, haben einen kleinen Balkon und sehr schöne Badezimmer. Hervorragender Swimmingpool im vierten Stock, Fitnesscenter im Freien, 3 Restaurants, Concierge-Service und lebendige Cocktail-Lounge. 285 Zimmer.

L'Ermitage Beverly Hills ❀❀❀ *9291 Burton Way, Beverly Hills 90210; Tel. (310) 278-3344, 1-800-800-2113 (U.S.A. kostenlos); Fax (310) 278-8247.* Das neueste der Ultra-Luxushotels ist modern-minimalistisch eingerichtet. Die Zimmer mit luxuriösen Badezimmern sind ausgesprochen geräumig und mit 5 Telefonanschlüssen, Fax, riesigem Ferseher, DVD-Spieler, Stereoanlage und Internet-Anschluss ausgerüstet. Dachrestaurant mit Panoramablick, Swimmingpool auf dem Dach, Fitness- und Gesundheitscenter, Sauna. 112 Zimmer, 12 Suiten.

Los Angeles

The Regent Beverly Wilshire ✹✹✹ *9500 Wilshire Boulevard, Beverly Hills 90212; Tel. (310) 275-5200, 1-800-545-4000 (U.S.A. kostenlos); Fax (310) 274-2851.* Dieses elegante historische Hotel am Anfang des Rodeo Drive hat ein edles Foyer und luxuriös eingerichtete Zimmer mit Marmorbädern. Swimmingpool, Fitness- und Gesundheitscenter, Sauna, Restaurant, Bar, Geschäfte. 275 Zimmer, 120 Suiten.

Century City

Century Plaza Hotel and Tower ✹✹✹ *2025 Avenue of the Stars, Los Angeles 90067; Tel. (310) 277-2000, 1-800-228-3000 (U.S.A. kostenlos); Fax (310) 551-3355.* Riesiges Hotel mit Landschaftsgarten, haupsächlich auf Geschäftsreisende ausgerichtet. Die geräumigen Gästezimmer mit attraktiven Möbeln und Marmorbädern sind zum Teil im Hauptgebäude, zum Teil im angrenzenden Turm. 2 Restaurants, 2 Cocktail-Lounges, 2 Swimmingpools, Jacuzzi, Fitnesscenter, Konferenzräume, Geschäfte. 724 Zimmer und Suiten im Hauptgebäude; 322 weitere im Turm.

Santa Monica

Cal Mar Hotel Suites ✹ *220 California Avenue, Santa Monica 90403; Tel. (310) 395 5555, 1-800-776 6007 (U.S.A. kostenlos); Fax (310) 451-1111.* Die riesigen Suiten sind rund um dem Swimmingpool im Innenhof gruppiert. In der Nähe von der Third Street Promenade und dem Strand. 36 Suiten.

Loews Santa Monica Beach Hotel ✹✹✹ *1700 Ocean Avenue, Santa Monica 90401; Tel. (310) 458-6700, 1-800-23-LOEWS (U.S.A. kostenlos); Fax (310) 458-6761.* Ungezwungenes Luxushotel am Strand mit einem fünfstöckigen Atrium aus Glas und Swimmingpool im Freien. Es ist direkt über dem Strand, zwei Straßen von der Santa Monica Pier gelegen. Einige Zimmer mit Blick auf das Meer. Zwei Restaurants, Bar, Swimmingpool, Jacuzzi, Sonnenterrasse, Fitnesscenter mit

Dampf- und Trockensauna, Konferenzräume, Fahrrad- und Skates-Verleih. 318 Zimmer, 25 Suiten.

Shangri-La Hotel ✻✻ *1301 Ocean Avenue, Santa Monica 90401; Tel. (310) 394-2791, 1-800-345-STAY (U.S.A. kostenlos); Fax (310) 451-3351.* Hotel in Strandnähe mit großen stilvollen (wenn auch nicht sehr neuen) Zimmern und Möbeln im Art déco. Besonders die erschwinglichen Zimmerpreise machen dieses Hotel bei Urlaubern mit nicht unbegrenztem Budget sehr beliebt. Einige Zimmer haben Blick aufs Meer. Fitnessraum, Sitzungszimmer, Restaurant. 55 Zimmer, 48 davon haben kleine Einbauküchen.

Shutters on the Beach ✻✻✻ *One Pico Boulevard, Santa Monica 90405; Tel. (310) 458-0030. 1-800-334-9000 (U.S.A. kostenlos); Fax (310) 458-4589.* Dieses Hotel ist das einzige direkt am Strand gelegene Hotel in Santa Monica. Die Zimmer sind auf den Wunsch des Gastes zugeschnitten. Die allgemeinen Räumlichkeiten sind mit Kamin und Original-Kunstwerken ausgestattet. 2 Restaurants mit Bars, Swimmingpool, Jacuzzi, Sauna, Fitness- und Gesundheitscenter, Fahrrad- und Skates-Verleih. 186 Zimmer, 12 Suiten.

Downtown

Wyndham Checkers Hotel ✻✻-✻✻✻ *535 South Grand Avenue, Los Angeles 90071; Tel. (213) 624-0000, 1-800-996-3426 (U.S.A. kostenlos); Fax (213) 626-9906.* Historisches und gemütliches Hotel. Die Zimmer sind mit Antiquitäten und Kunstgegenständen ausgestattet und individuell auf den Gast zugeschnitten. Gourmet-Restaurant und Foyer-Bar, Swimmingpool auf dem Dach und Jacuzzi. 188 Zimmer, 15 Suiten.

Hotel InterContinental ✻✻-✻✻✻ *251 South Olive Street, Los Angeles 90012; Tel. (213) 617-3300; Fax (213) 617-3399.* Dieses Hotel ist eines der fröhlichsten Geschäftshotels in der Innenstadt

Los Angeles

neben dem MOCA. Moderne Malerei und Skulpturen schmücken das Foyer, während die geräumigen Zimmer modern, aber zurückhaltend eingerichtet sind. Lounge, Restaurant, Konferenzräume, Fitnessclub, Swimmingpool und Saunas. 434 Zimmer, 13 Suiten.

Westin Bonaventure Hotel ✹✹ *404 South Figueroa Street, Los Angeles 90071; Tel. (213) 624-1000, 1-800-228-3000 (U.S.A. kostenlos); Fax (213) 612-4800.* Fünf spiegelverglaste zylindrische Türme bilden diesen Hotelkomplex oder diese Ministadt. Angeschlossen an das geschäftige Atrium-Foyer befinden sich auch Läden, 20 Restaurants, Lounges und zahlreiche Service-Einrichtungen. Gläserne Fahrstühle mit hervorragendem Ausblick bringen die Gäste zu den kleinen aber komfortablen Zimmern und bis zum Drehrestaurant auf dem Dach. Swimmingpool im Freien, Konferenzzimmer und Fitnesscenter. 1354 Zimmer, 135 Suiten.

San Fernando Valley

Holiday Inn Burbank ✹✹ *150 East Angeleno Ave., Burbank 91502; Tel. (818) 841-4770, 1-800-HOLIDAY (U.S.A. kostenlos); Fax (818) 566-7886* Hoteltürme mit Restaurant, Swimmingpool und Sauna. 382 Zimmer, 108 Suiten.

Sheraton Universal ✹✹-✹✹✹ *333 Universal Terrace Parkway, Universal City 91608; Tel. (818) 980-1212, 1-800-325-3535 (U.S.A. kostenlos); Fax (818) 985-4980.* Große Zimmer für Geschäftsleute, einige mit großartigem Blick auf die Hügel von Hollywood; nur wenige Minuten von den Universal Studios, dem Amphitheater und dem CityWalk entfernt. Swimingool, Whirlpool, Fitnesscenter, Restaurant, 2 Bars und Geschenkartikelladen. 424 Zimmer, 18 Suiten.

Pasadena

Ritz-Carlton Huntington Hotel and Spa ✹✹✹ *1401 South Oak Knoll Ave., Pasadena 91106; Tel. (626) 568-3900, 1-800-*

Hotels

241-3333 (U.S.A. kostenlos); Fax (626) 568-1842. In diesem wunderschönen historischen Kurhotel, das bereits seit 1907 besteht, befinden sich schöne Gärten, 3 Restaurants, 3 Lounges, ein Swimmingpool, Jacuzzi, Konferenzzimmer, Fitnesscenter und Tennisplätze. 358 Zimmer, 26 Suiten, 8 *Cottages*.

Long Beach

Hotel Queen Mary ❀-❀❀ *1126 Queens Highway, Long Beach 90802; Tel. (562) 435-3511; Fax (562) 437-4531.* Als ehemals längstes Passagierschiff der Welt befindet sich dieser Luxusliner jetzt permanent im Hafen und wurde als Hotel umgebaut. 3 Restaurants, Bar, Piano-Lounge und Läden, 365 einzigartige Zimmer und Suiten.

Westin Long Beach ❀❀ *333 East Ocean Boulevard, Long Beach 90802; Tel. (562) 436-3000, 1-800-WESTIN1 (U.S.A. kostenlos); Fax (562) 499-2096.* Geräumige Zimmer mit großen Fenstern und Blick aufs Meer. Gegenüber vom Kongresszentrum gelegen. Restaurant, 2 Lounges, Swimmingpool, Fitnesscenter, Saunas, Konferenzräume. 469 Zimmer und Suiten.

Orange County

Disneyland Hotel ❀❀-❀❀❀ *1150 West Cerritos Avenue, Anaheim 92802; Tel. (714) 778-6600, 1-800-647-7900 (U.S.A. kostenlos); Fax (714) 956-6597.* Dieses Hotel ist durch den Monorail-Zug direkt mit dem Vergnügungspark verbunden. Das Dekor unterliegt meist Disney-Themen. Es gibt Landschaftsgärten, Teiche mit Paddelbooten, eine Fantasie-Wassershow und zahlreiche Aktivitäten für Familien. 11 Restaurants und Loungen, 2 Swimmingpools. 1131 Zimmer.

The Disneyland Pacific Hotel ❀❀-❀❀❀ *717 South West Street, Anaheim 92802; Tel. (714) 999-0990, 1-800-821 8976;*

Los Angeles

Fax (714) 776-5763). Disneys Luxushotel mit 2 Restaurants, 2 Bars, Konferenzräumen und Fitnessclub. 502 Zimmer

Candy Cane Inn ✹ *1747 South Harbor Boulevard, Anaheim 92802; Tel. (714) 774-5284, 1-800-345-7057 (U.S.A. kostenlos); Fax (714) 772-5462*. Preiswertes Hotel, familienfreundlich und kürzlich renoviert. Swimmingpool, kleines Frühstück und kostenlose Verbindung nach Disneyland. 172 Zimmer.

Sheraton Anaheim ✹✹ *1015 West Ball Road, Anaheim 92802; Tel. (714) 778-1700, 1-800-325-3535 (U.S.A. kostenlos); Fax (714) 535-3889*. Dieses Hotel befindet sich in einem mittelalterlichem Schloss mit Innenhöfen und Wasserfällen. Disneyland-Verbindung, Restaurant, Lounge, Arkade, Fitnesscenter, Swimmingpool. 5 Zimmer sind besonders für behinderte Gäste ausgestattet. 415 Zimmer, 72 Suiten.

Newport Beach Marriott Hotel and Tennis Club ✹✹ *900 Newport Center Drive, Newport Beach 92660; Tel. (949) 640-4000, 1-800-228-9290; Fax (949) 640-5055*. Blick auf den Hafen, Strand und Meer. 2 Restaurants, Lounge, beleuchtete Tennisplätze, Ftitnessclub, Sauna und Whirlpool. 570 Zimmer, 8 Suiten.

The Westin South Coast Plaza ✹✹ *686 Anton Boulevard, Costa Mesa 92626; Tel. (714) 540-2500, 1-800-WESTIN1 (U.S.A. kostenlos); Fax (714) 662-6695*. Komfortable Zimmer. Zentrale Lage für Sehenswürdigkeiten in Orange County und an der Küste. Hervorrragendes Restaurant, Cocktail-Lounge, Swimmingpool, Tennisplatz, Fitnesscenter. 373 Zimmer, 17 Suiten.

Catalina Island

Hotel Metropole ✹-✹✹ *Box 1900, Avalon 90704; Tel. (310) 510-1884, 1-800-541-8528 (Calif. kostenlos); Fax (310) 510-2534*. Einige Zimmer mit Kamin, Balkon und Blick aufs Meer. Restaurant, Sonnenterrasse und Jacuzzi. 48 geräumige Zimmer.

Restaurants

In Los Angeles gibt es eine Vielzahl aller erdenklichen Restaurants, die folgende Auswahl kann Ihnen daher nur Anhaltspunkte geben. Die meisten der aufgelisteten Restaurants haben sich über längere Zeit bewährt, ständig kommen jedoch neue Lokale hinzu. Restaurantempfehlungen in lokalen Zeitungen und Zeitschriften sind daher auch von Interesse. Ihr Hotel wird Ihnen ebenfall bei der Auswahl eines Restaurants gern behilflich sein.

Die meisten Restaurants sind täglich geöffnet. Erkundigen Sie sich jedoch vorher, da einige nicht fürs Mittagessen oder Frühstück geöffnet sind. Gewöhnlich ist eine Reservierung nur in Restaurants der Spitzenklasse und in sehr beliebten Lokalen notwendig.

Alle aufgelisteten Restaurants haben einen hohen Standard was die Qualität der Küche, die Ausstattung und den Service betrifft. Folgende Kategorisierung bezieht sich auf den Preis für ein zweigängiges Mahl pro Person (ohne Getränke, Steuern und Trinkgeld).

✹✹✹✹	$50 und höher
✹✹✹	$25 - $50
✹✹	$10 - $25
✹	unter $10

Hollywood

Musso and Frank Grill ✹✹✹ *6667 Hollywood Boulevard; Tel. (323) 467-7788.* Eines der ältesten Restaurants in Hollywood mit dunkler Holztäfelung, Ledernischen, uralten Kellnern und hervorragenden Martinis. Typisch amerikanische Küche. Alle gängigen Kreditkarten.

Patina ✹✹✹-✹✹✹✹ *5955 Melrose Avenue; Tel. (323) 467-1108.* Restaurant des beühmten Kochs Joachim Splichal, das immer wieder in Gourmetpublikationen hohes Lob für die exzel-

Los Angeles

lente Küche und den hervorragenden Service findet. Moderne kalifornisch-französische Küche. Auch die Nachspeisen sind exquisit. Reservierung notwendig. Alle gängigen Kreditkarten.

Mid-Wilshire

Authentic Cafe ✿✿ *7605 Beverly Boulevard; Tel. (323) 939-4626.* Beliebtes ungezwungenes Restaurant mit gut gewürzter Küche des amerikanischen Südwestens. Besonders der *brunch* am Wochenende ist empfehlenswert. Alle gängigen Kreditkarten.

Cafe Latte ✿-✿✿ *6254 Wilshire Boulevard; Tel. (323) 936-5213.* Hervorragende amerikanische Speisekarte mit ganztägigem Frühstücksangebot (einschließlich vegetarischer und anderer Gesundheitskost) wie Sandwiches, Pasta und gutem Kaffee. Alle gängigen Kreditkarten.

Lawry's Prime Rib ✿✿✿ *100 North La Cienega Boulevard; Tel. (310) 358-1260.* Ein seit langem beliebtes Steakhouse. Alle gängigen Kreditkarten.

Matsuhisa ✿✿✿-✿✿✿✿ *129 North La Cienega Boulevard; Tel. (310) 659-9639.* Dieses berühmte Restaurant gilt als bestes Fischrestraurant mit asiatischem Einfluss in der Stadt. Die Auswahl ist ausgesprochen groß. Hier geht es immer lebendig zu. Alle gängigen Kreditkarten.

West Hollywood

Barney's Beanery ✿-✿✿ *8447 Santa Monica Boulevard; Tel. (323) 654-2287.* Bekannt für die Hamburger, die riesigen Hotdogs, das mexikanische Chili usw. Hier gibt es ca. 200 verschiedene Biersorten. Tische am Swimmingpool, bis spät in die Nacht geöffnet. Alle gängigen Kreditkarten.

Dan Tana's ✿✿-✿✿✿ *9071 Santa Monica Boulevard; Tel. (310) 275-9444.* Klassisches Hollywood-Restaurant im alten Stil mit norditalienischer Küche: Kalb, Hähnchen, Meeresfrüchte und Steak im New York-Stil. Alle gängigen Kreditkarten.

Restaurants

The Hard Rock Café ✹✹ *8600 Beverly Boulevard (an der Ecke Beverly Center shopping mall); Tel. (310) 276-7605.* In dieser Filiale der bekannten Restaurantkette werden Ihnen Hamburger, Milchshakes und Eiscreme mit lauter Rockmusik geboten. Alle gängigen Kreditkarten.

Hugo's ✹-✹✹ *8401 Santa Monica Boulevard; Tel. (323) 654-3993.* Dieses komfortable, doch unscheinbare Restaurant bietet sogenanntes Power-Frühstück und andere recht gesunde Kost. Auch Mittag- und Abendessen. Alle gängigen Kreditkarten.

L'Orangerie ✹✹✹✹ *903 North La Cienega Boulevard; Tel. (310) 652-9770.* Dieses Restaurant gilt bereits seit geraumer Zeit als eines der besten klassisch-französischen der Stadt, allerdings auch als eines der teuersten. Alle gängigen Kreditkarten.

Pink's Famous Chili Dogs ✹ *709 North La Brea Avenue; Tel. (323) 931-4223.* Hierher sollten Sie kommen, wenn Ihnen nach einem schnellen und kalorienreichen Imbiss zumute ist. Hotdogs, Chili und die hier besonders guten Pommes Frites können Sie an den Tischen im Freien zu sich nehmen. Nur bar.

Tail O' the Pup ✹ *329 North San Vicente Boulevard; Tel. (310) 652-4517.* Berühmter Hotdog-Stand im Stil der 30er Jahre. Auch der Stand hat die Form eines Hotdog. Nur bar.

Versailles ✹-✹✹ *1415 South La Cienega Bouelvard; Tel. (310) 289-0392.* Besonders Bewohner der Umgegend kommen in dieses kubanische Restaurant im ungezwungenen Diner-Stil. Das Knoblauch-Hähnchen, die Schweinefleisch- und Krabbengerichte sind besonders zu erwähnen. Alle gängigen Kreditkarten.

Beverly Hills

Chin Chin ✹-✹✹ *8618 Sunset Boulevard (am Sunset Plaza); Tel. (310) 652-1818.* Dieses Restaurant eignet sich gut zur Beobachtung der lebendigen Umgebung und bietet preiswerte chinesische Küche. Tische im Inneren und im Freien. Alle gängigen Kreditkarten.

Los Angeles

Il Fornaio ✹✹✹-✹✹✹ *301 North Beverly Drive; Tel. (310) 550-8330.* Lebendige und helle italienische Trattoria mit ausgezeichneten Brotsorten, Suppen, Pizzas, Pasta- und Grillgerichten. Alle gängigen Kreditkarten.

Mr. Chow ✹✹✹-✹✹✹✹ *344 North Camden Drive; Tel. (310) 278-9911.* Hier können Sie mitunter auch Filmstars sehen und dabei die hervorragende chinesische Küche genießen, wie Ente, Hummer oder hausgemachte Knoblauchnudeln. Alle gängigen Kreditkarten.

Spago Beverly Hills ✹✹✹-✹✹✹✹ *176 North Cañon Drive; Tel. (310) 385-0880.* Wolfgang Pucks zweites berühmtes Restaurant, das immer gut besucht ist: einige kommen wegen der Stars, andere wegen der ausgezeichneten kalifornischen Küche. Reservierung notwendig. Alle gängigen Kreditkarten.

The Westside

Harry's Bar und American Grill ✹✹-✹✹✹ *2020 Avenue of the Stars; Tel. (310) 277-2333.* Diese Nachahmung von Harry's Bar in Florenz hat eine Clubatmosphäre und serviert gute Pasta und andere hervorragende italienische Gerichte. Alle gängigen Kreditkarten.

Hotel Bel-Air Restaurant ✹✹✹-✹✹✹✹ *701 Stone Canyon Road (at Hotel Bel Air); Tel. (310) 472-1211.* Köstliche und kreative kalifornisch-französische Küche wird hier in formalem, aber romantischem Ambiente serviert. Von der Terrasse aus haben Sie einen Blick auf Fluss mit Schwänen, Brücke und tropische Gärten. Reservierung notwendig. Alle gängigen Kreditkarten.

La Serenata Gourmet ✹✹ *10924 West Pico Boulevard; Tel. (310) 441-9667.* Dieses mexikanische Restaurant ist nicht wegen der einfachen Möblierung, sondern wegen der guten Fisch-Tacos, der Enchiladas und der würzigen Saucen beliebt. Alle gängigen Kreditkarten.

Restaurants

VIP Harbor Seafood ✿✿ *11701 Wilshire Boulevard; Tel. (310) 979-3377.* Die chinesischen Gerichte in diesem edlen Restaurant gehören zu den besten in der Gegend. Alle gängigen Kreditkarten.

Santa Monica und the Beach Communities

Border Grill ✿✿-✿✿✿ *1445 4th Street, Santa Monica; Tel. (310) 451-1655.* Gehobene mexikanische Küche mit Einflüssen aus Yukatan, dargeboten in festlicher Atmoshäre. Alle gängigen Kreditkarten.

Broadway Deli ✿-✿✿ *1457 3rd Street Promenade, Santa Monica; Tel. (310) 451-0616.* Nicht nur Imbissware, sondern auch feinere Gerichte wie Lachs mit Sahnespinat, Hühnerpastete, Steaks, Salate und Suppen. Ausgezeichnete Desserts und frisch gebackenes Brot. Alle gängigen Kreditkarten.

Cafe del Rey ✿✿✿ *4451 Admiralty Way, Marina del Rey; Tel. (310) 823-6395.* Eines der besseren Restaurants in der Umgebung mit Blick aufs Meer und pazifischer »new wave«-Küche in einem modernen, offenen Speiseraum. Alle gängigen Kreditkarten.

Chinois on Main ✿✿✿ *2709 Main Street, Santa Monica; Tel. (310) 392-9025.* Dieses angesagte Restaurant von Wolfgang Puck bietet eine kreative Mischung aus chinesischer, französischer und kalifornischer Küche. Alle gängigen Kreditkarten.

Gladstone's 4 Fish ✿✿-✿✿✿ *17300 Pacific Coast Highway, Malibu; Tel. (310) 454-3474.* Dieses populäre Restaurant befindet sich auf einem unterhaltsam ausgestatteten Deck und serviert Meeresfrüchte mit Blick auf den Ozean. Eine Filiale gibt es auch am Universal CityWalk. Alle gängigen Kreditkarten.

The Hump ✿✿-✿✿✿ *3221 Donald Douglas Loop South (at the Santa Monica Airport); Tel. (310) 313-0977.* Ein ausgezeichnetes ruhiges Sushi-Restaurant mit elegantem Dekor aus der Zeit des 2. Weltkriegs. Kleine Flugzeuge starten und landen, während Sie sich Ihrer Speisen erfreuen. Alle gängigen Kreditkarten.

Los Angeles

Ivy's by the Shore ✺✺✺-✺✺✺✺ *1541 Ocean Avenue, Santa Monica; Tel. (310) 393-3113.* Ein beliebter Treff für die Reichen, Schönen und Berühmten. Besonders bekannt für Krabben-Cocktails, Salate mit gegrilltem Gemüse und gesunde Kost. Alle gängigen Kreditkarten.

Michael's ✺✺✺ *1147 3rd Street, Santa Monica; Tel. (310) 451-0843.* Ein Paradebeispiel für gute kalifornische Küche und einer der schönsten Plätze der ganzen Gegend überhaupt. Mit außergewöhnlicher Kunstsammlung und wunderbarer Gartenveranda. Alle gängigen Kreditkarten.

Remi ✺✺-✺✺✺ *1451 3rd Street Promenade, Santa Monica; Tel. (310) 393-6545.* Norditalienische Küche in beeindruckendem Ambiente. Essen auf der Promenaden-Terasse ebenfalls möglich. Ungewöhnliche Spezialitäten. Alle gängigen Kreditkarten.

Rix ✺✺✺ *1413 Fifth Street, Santa Monica; Tel. (310) 656-9688.* Eines der besten Restaurants kalifornischen Stils in Santa Monica; an der Bar trifft sich überdies eine allzeit bewegte Single-Szene. Alle gängigen Kreditkarten.

Rose Café und Market ✺ *220 Rose Avenue, Venice; Tel. (310) 399-0711.* Dieses gemütliche Café bietet Back- und Imbisswaren, dazu verschiedene Pizzen und ähnlich preisgünstige Gerichte. Alle gängigen Kreditkarten.

Valentino ✺✺✺-✺✺✺✺ *3115 Pico Boulevard, Santa Monica; Tel. (310) 829-4313.* Dieses bekannte italienische Restaurant ist ebenso preisgünstig wie gut, verfügt über eine erstaunliche Weinkarte und serviert Spitzengerichte in seriöser Atmosphäre. Reservierung erforderlich. Alle gängigen Kreditkarten.

Downtown

Checkers Restaurant ✺✺✺ *535 South Grund Avenue (im Checkers Hotel); Tel. (213) 891-0519.* Dieses Spitzenrestaurant in der Innenstadt bietet in gediegener Atmosphäre kalifornisch-europäische Küche. Alle gängigen Kreditkarten.

Restaurants

Engine Company No. 28 ✺✺✺ *644 South Figueroa; Tel. (213) 624-6996.* Amerikanische Spezialitäten wie feurige Chili, gegrillter Fisch, Steaks, Fischsuppe und Zitronentorte in einem altehrwürdigen Feuerwehrhaus. Alle gängigen Kreditkarten.

Sai Sai ✺✺✺ *501 South Olive Street (in Biltmore Hotel); Tel. (213) 624-1100.* Ausgezeichnet zubereitete und ästhetisch dargebotene japanische Gerichte. Besonders beliebt sind die Sushi-Happy Hours und Mittagsmenüs. Alle gängigen Kreditkarten.

Water Grill ✺✺✺ *544 South Grund Avenue; Tel. (213) 891-0900.* Gutes Fisch-Restaurant mit lebendiger, gehobener Atmosphäre und den wohl besten Meeresfrüchten in der Innenstadt. Krebs-, Krabben- und Muschelbar. Alle gängigen Kreditkarten.

Pasadena

McCormick und Schmick's ✺✺-✺✺✺ *111 N. Los Robles Avenue; Tel. (626) 405-0064.* Traditionelles Fisch-Restaurant mit kunsthandwerklicher Architektur, Holzschnitzereien und schön bemalten Glasfenstern. Alle gängigen Kreditkarten.

Parkway Grill ✺✺✺ *510 Arroyo Parkway; Tel. (626) 795-1001.* Ein Spitzenrestaurant mit erlesenen kalifornischen Gerichten, zwei Etagen sowie Gartenterasse. Alle gängigen Kreditkarten.

The Valley

Mistral ✺✺-✺✺✺ *13422 Ventura Boulevard, Sherman Oaks; Tel. (818) 981-6650.* Einfache französische Speisen in freundlicher Atmosphäre. Alle gängigen Kreditkarten.

Wolfgang Puck Café ✺✺ *Universal CityWalk, Universal City; Tel. (818) 985-9653.* Kalifornische Pizzen, frische Nudelgerichte und bekömmliche Salate vom Meisterkoch persönlich. Große Terasse. Alle gängigen Kreditkarten.

Long Beach

Belmont Brewing Company ✺-✺✺ *25 Thirty-Ninth Place; Tel. (310) 433-3891.* Authentische Brauerei am Strand, mit Blick

Los Angeles

auf Long Beach, Palos Verdes und Catalina Island. Salate, Nudel-, Fleisch- und Fischgerichte. Alle gängigen Kreditkarten.

Shenundoah Cafe ❀❀-❀❀❀ *4722 East Second Street; Tel: (562) 434-3469.* Klassische amerikanische Küche in typischer Südstaaten-Atmosphäre. Alle gängigen Kreditkarten.

Orange County

Crab Cooker ❀-❀❀ *2200 Newport Boulevard, Newport Beach; Tel. (949) 673-0100.* Exquisite Meeresfrüchte in buntem, aufregendem Ambiente. Alle gängigen Kreditkarten.

Las Brisas ❀-❀❀❀ *361 Cliff Drive, Laguna Beach; Tel. (714) 497-5434.* Großartige mexikanische Küche, serviert auf einer Terasse mit Ozeanblick. Alle gängigen Kreditkarten.

Medieval Times Dinner und Tournament ❀❀❀ *7662 Beach Boulevard, Buena Park; Tel: (714) 522-1155.* Während Sie essen, duellieren sich vor Ihren Augen Ritter und andere Schwertkämpfer. Alle gängigen Kreditkarten.

Pinot Provence ❀❀❀ *686 Anton Boulevard (im Westin South Coast Plaza Hotel), Costa Mesa; Tel. (714) 444-5900.* Joachim Splichal, der Prominentenkoch von Los Angeles, führt dieses französische Restaurant mit Gartenterasse. Alle gängigen Kreditkarten.

White House ❀❀❀ *887 South Anaheim Boulevard, Anaheim; Tel. (714) 772-1381.* Preisgekrönte norditalienische Küche in romantischer Villa. Reservierung erforderlich. Alle gängigen Kreditkarten.

Catalina Island

Café Prego ❀❀-❀❀❀ *605 Crescent Avenue, Avalon; Tel. (310) 510-1218.* Ausgezeichnete italienische Küche, guter Service und warmes Ambiente. Alle gängigen Kreditkarten.